楚雄师范学院重点本科专业(思想政治教育)建设项目

少数民族人才资源因族开发战略研究

——理论建构及对红河哈尼族人才资源开发的实证分析

曾豪杰　著

图书在版编目（CIP）数据

少数民族人才资源因族开发战略研究：理论建构及对红河哈尼族人才资源开发的实证分析/曾豪杰著．－－昆明：云南大学出版社，2011
ISBN 978－7－5482－0347－6

Ⅰ．①少…　Ⅱ．①曾…　Ⅲ．①少数民族－民族地区－人才－资源开发－研究－云南省　Ⅳ．①C964．2

中国版本图书馆 CIP 数据核字（2011）第 004175 号

少数民族人才资源因族开发战略研究

理论建构及对红河哈尼族人才资源开发的实证分析

曾豪杰　著

责任编辑： 纳文汇　赵红梅
封面设计： 周　旸
出版发行： 云南大学出版社
印　　装： 昆明理工大学印务有限公司
开　　本： 850mm × 1168mm　1/32
印　　张： 7.125
字　　数： 185 千
版　　次： 2011 年 1 月第 1 版
印　　次： 2011 年 1 月第 1 次印刷
书　　号： ISBN 978－7－5482－0347－6
定　　价： 28.00 元

地　　址：昆明市一二·一大街云南大学英华园（邮编：650091）
发行电话：0871－5033244　5031071
网　　址：http：//www. ynup. com
E－mail：market@ ynup. com

序

自改革开放以来，特别是近几年，关于少数民族与民族地区人才资源开发研究在中国得到了较大发展。虽然这方面的研究成果不少，但专著不多。目前，从可查资料来看，以某一个少数民族来作为研究对象，特别是站在理论高度来系统和详细分析的专著更是寥若晨星，屈指可数，《少数民族人才资源因族开发战略研究——理论建构及对红河哈尼族人才资源开发的实证分析》就是其中之一“星”了。

曾豪杰同志撰写的《少数民族人才资源因族开发战略研究——理论建构及对红河哈尼族人才资源开发的实证分析》一书实际上是他在攻读硕士研究生期间做毕业论文的基础上写成的。能在读研期间就写专著，的确为数不多，既可见其学习努力刻苦之程度，也可见其基础和功底之雄厚。现在其专著终于能有经费资助在云南大学出版社出版，作为其导师之一，我感觉十分欣慰：一是看到自己学生的心愿终于得以实现，二是看到学生的成果终于可以抛砖引玉了。

综观全书，总的说来，该书内容体系完整，结构紧凑，布局合理，重点突出，脉络清晰，值得一读。该书最明显的特点和值得学习的地方，我认为主要有以下这三个方面。

第一，选题比较有价值和意义。目前，我国对少数民族人才资源开发，主要采取“大一统”汉化教育和培养方式，这一模式的确取得了巨大成就，但也存在其明显不足之处，为了弥补这一不足，为了我国人才战略的更好实施，曾豪杰同志从保持中华民族文化多样性目的出发，站在少数民族及其文化视角来思考和分析这一问题，不论是在理论上，还是在实践上，都具有一定价值和意义。好的选题对于做学问来说，是良好的开端，是成功的一半。做研究，就是要像曾豪杰同志这样选具有一定价值和意义的问题来做。

第二，会泽百家，自成一家。曾豪杰同志喜欢博览群书，游学四方，遍访名师，这是他能成为优秀研究者的重要原因之一，也是他能进行理论创新的重要原因之一。作者对我国少数民族与民族地区人才与人力资源开发思想与理论进行了详细疏理和归纳总结；对因族开发进行了概念界定；对因族开发战略的指导思想、地位和意义、愿景、目标、思路及对策进行了比较清晰的说明；对因族开发战略的理论与现实依据、战略对策进行了相当详细的分析和阐述，并且进行了多角度的实证分析，使其理论建构比较成功，使因族开发理论体系显得比较完整，使整个研究显得重点突出。作者提出的因族开发战略实际上是对前人及其他研究者关于民族地区人才资源开发思想与理论的继承与发展。做学问就是要像曾豪杰同志这样不仅尽量能够“会泽百家”，而且尽量能够自成一家。

第三，思维独特，创新较多。在平时交谈中，我发现我的开门弟子曾豪杰同志思维敏捷、灵活，湖南人“敢为天下先”的精神和对事业的执著，以及湖南人的聪明与精明都在他身上有所体现。这在他的这本专著中也可略见一斑。

当前，从社会学、民族学、人类学、历史学等角度来研究哈尼族历史、文化、社会、宗教等的成果比较多，但从人力资源角度来进行全面、系统的研究哈尼族的专著就很少了。

许多初做研究的人都习惯于用单一实证方式来研究某个问

题，而采用多种实证方法对一个问题进行深入研究并且能取得较大成果的不是太多，这实为不易和难能可贵。人才资源开发大多倾向于问卷调查和统计数据分析，借鉴和使用人类学与民族学中的观察访谈法来进行理论探讨和实证分析应属该书作者首次尝试，效果十分不错。

本书作者首次界定、提出和分析少数民族宗教人才资源开发，虽然问题敏感，但立场正确，言之有理，其成果在核心期刊发表后能被索引、转载和受到重视，足见其创新能力和力度。

由于多方面的原因，该书作者对“大一统”汉化教育和人才培养模式弊端并未作专门探讨，对因族开发战略也只作了宏观思考，微观研究方面还有待进一步深入和挖掘，这些只有留待作者以后再继续研究了。同时，由于研究资金的限制和搜集有关资料存在一定的困难，作者尚感词不达意和力不从心也是完全可以理解的。

作为一个研究新手，就能如此宏观地看待和驾驭一个问题，就能有如此较高水平、较高质量的学术研究成果，其研究能力是较强的，其发展潜力是巨大的，作为导师期待其能够再创佳绩。

王清华

2009 年 2 月 28 日于昆明

内容简介

所谓“因族开发”就是指在少数民族人才资源开发过程中根据少数民族自身的历史、文化传统、地理环境、经济现状、教育水平等方面的特殊性来选择适合少数民族自身人才资源开发的方式和措施。简单地说，就是根据各少数民族的“族情”来进行人才资源开发。

因族开发战略既符合世界的物质统一性原理，又符合事物发展的矛盾规律；既遵循经济基础决定上层建筑原理，又遵循事物不平衡发展规律；既是由我国的国情决定的，又是由少数民族“族情”决定的；既是在少数民族中贯彻落实我国人才强国战略的需要，又是完善与发展我国现有的少数民族人才资源开发模式的需要；既是“分类指导”政策在少数民族人才资源开发领域的运用和要求，又是响应胡锦涛总书记提出的“因族举措”原则号召的体现和要求；既是我国少数民族发展其特色经济和特色产业的需要，又是保护和发展我国民族文化多样性和少数民族特有传统文化的需要。总而言之，因族开发是我国少数民族人才资源开发的战略选择。

因族开发战略的思路总的来说是少数民族应该根据其自身的经济和社会实际情况来因地制宜、因族举措、分类指导地开发其人才资源，即：一是坚持“系统论”规律，将我国所有少数民族的人才看成一个大系统，进行系统整体开发；二是坚持“要素论”规律，将我国所有少数民族中的某一类人才，如党政人才、经营管理人才、专业技术人才等，看成一个子系统，进行整体系统开发；三是坚持“因族举措”原则，根据每个少数民族自身特殊的“族情”，不同的少数民族实行不同的开发策略；四是坚持“分类指导”原则，将不同地区但“族情”相似，或者说处于同一“梯度结构”的少数民族归类到一起，进行局部开发；五是坚持“因地制宜”原则，根据地方特色，不同地区的少数民族（包括属于同一民族但处于不同地区的少数民族）实行不同的开发对策。

目　录

第一章 导 言

第一节 研究背景及研究目的

一、研究背景

（一）客观方面

1. 国际背景：人才竞争日趋白热化

当今世界，和平与发展已成为时代的主题。目前，政治多极化，经济全球化，文化多元化，现代科学技术日新月异，以知识为基础的知识经济和信息时代已经悄然而来，以科技和经济为核心的综合国力的较量越来越激烈，而综合国力的竞争，说到底就是人才的竞争，是国家人才战略的竞争。现在，随着经济全球化，一场没有硝烟、没有战场边界、没有战争宣言的全球性的人才竞争的激烈程度已经趋于白热化。

2. 国内背景：少数民族地位与民族地区经济和社会发展形势的客观需要

(1) 少数民族与民族地区的重要地位与其人才比例极不相称。中国是一个伟大而统一并有着几千年悠久历史的多民族国家。目前，多元一体格局的中华民族是由56个民族组成，其中汉族人口占绝大多数，少数民族共有55个，其中有30个少数民族跨境而居。截至2002年底，我国已建立155个民族自治地方

——5个自治区、30个自治州和120个自治县（旗），面积占全国总面积的64%，其中有4个自治区（新疆维吾尔自治区、西藏自治区、广西壮族自治区、内蒙古自治区）都属于边疆省区。现在，我国少数民族有一亿多人口，实行自治的少数民族人口有8 017万人，约占少数民族总人口的70%、民族自治地区总人口的46.5%。同时，我国还有着非常广阔的边疆地区，在2.1万多公里的陆地边境线上，民族地区就占了1.9万多公里。①

我国西部和边疆绝大部分地区地广人稀，是少数民族主要聚居区。在这里，有40个世居少数民族，约占我国少数民族人口的2/3。全国155个民族区域自治地方，其中就有115个民族自治区域自治地方分布在西部地区，包括5个自治区、27个自治州和83个自治县（旗），总面积约占全国民族自治地方总面积的96.72%，占西部地区总面积的86.47%。

边疆的稳定，国家的安全，民族的团结与共同繁荣等，都离不开少数民族。然而，目前，西部地区每万名劳动者中拥有中专及其以上学历和初级及其以上职称的人员仅92人，还不到东部地区的1%；专业技术人才总量也仅占全国总量的20.4%，其中高中级专业技术人才严重短缺，西部省区的高级专业技术人员仅占全国高级专业技术人员总数的9.79%。其中少数民族人才所占比例更少。可见，少数民族与民族地区的人才现状与其重要地位极不相称；人才问题已成为制约西部开发的重要因素之一；关注西部少数民族人才资源开发刻不容缓。

（2）中华民族的伟大复兴、西部大开发和全面建设小康社会需要我们关注少数民族人才资源开发。中华民族的伟大复兴是

① 《中国民族统计年鉴2004》，民族出版社，2004年12月第1版，第43页。

我们每个炎黄子孙的神圣历史使命。为了中华民族的伟大崛起，我们必须努力实现工业、农业、国防和科学技术“四个现代化”，也因此，我们必须努力实现民族地区这四个方面的现代化。从一定程度上讲，没有民族地区的现代化，也就没有中国的现代化。

1999 年，中国共产党以江泽民同志为核心的党中央第三代领导集体提出西部大开发战略。这一伟大工程是中华民族发展史上的一件大事。它的实施对加快少数民族和民族地区经济和社会的发展，对处理好当前西部地区民族和宗教问题，对中华民族的伟大复兴都将产生深远的历史和现实意义。

党的十六大提出了在 21 世纪头 20 年全面建设小康社会的宏伟目标。江泽民同志指出：我们要在本世纪头二十年，集中力量，全面建设惠及十几亿人口的更高水平的小康社会，使经济更加发展、民主更加健康、科教更加进步、文化更加繁荣、社会更加和谐、人民生活殷实、生态环境更加良好，惠及全国 56 个民族的全面小康。① “全面建设小康社会是一个全局的概念，既包括建设东部小康社会，也包括中部的小康，还包括西部地区的小康。”② 由于西部地区的特殊性，没有民族地区的小康，也就没有中国的小康。由此可见，发挥少数民族与民族地区的积极作用，对西部大开发战略的顺利实施，对全面建设小康社会目标的实现，对中华民族的伟大复兴具有至关重要的历史和现实意义。

总之，少数民族地区的现代化和全面建设小康社会对全中华

---

① 《江泽民文选》（第三卷），人民出版社，2006 年 8 月第 1 版，第 543 页。

② 吴松、陈国新主编：《论全面建设小康社会》，人民出版社，2002 年 12 月第 1 版，第 184 页。

民族来说都具有非常重要的历史和现实意义。这正如江泽民同志所说的："少数民族和民族地区的经济社会发展，直接关系到我国整个现代化建设目标的顺利实现。民族地区的现代化同全国其他地区的现代化，少数民族的振兴同整个中华民族的振兴是密不可分、互相促进的。推动各民族发展进步和共同繁荣不仅是个经济问题，而且是个政治问题。"①

江泽民同志还指出："西部开发，关键在人才"；"党和人民的事业需要的人才是多方面的，政治、经济、文化、科技、外交、教育、法律、军事等工作的开展，都需要聚集和造就大批优秀人才。人才是一个国家发展最重要的资源。当今世界，争夺人才的竞争异常激烈。我们要有政治远见，及早研究对策，真正把培养和使用好各类人才作为党和人民事业兴旺发达的大事来看待、来落实。"② 2005 年 5 月 27 日，胡锦涛同志《在中央民族工作会议暨国务院第四次全国民族团结进步表彰大会上的讲话》中指出："人才是加快少数民族和民族地区经济社会发展的关键性因素。要坚持贯彻科教兴国战略和人才强国战略，树立培养人才优先的观念，把培养各级各类人才、提高劳动者素质摆在重要位置，作为加快少数民族和民族地区经济社会发展的重大战略任务来落实。"③

（3）少数民族现有人才培养模式值得我们深思。新中国成

---

① 江泽民：《江泽民论有中国特色社会主义》（专题摘编），中央文献出版社，2002 年版，第 362 页。

② 《深入学习"三个代表"，全面落实"三个代表"》，学习出版社，2000 年版，第 15 页。

③ 胡锦涛：《在中央民族工作会议暨国务院第四次全国民族团结进步表彰大会上的讲话》，载《人民日报》2005 年 5 月 28 日第 1 版。

立几十年来，我们党和国家十分重视少数民族人才培养，尤其是少数民族党政人才培养，但忽视了少数民族地区经营管理人才、专业技术人才、专业化高技能人才和农村实用人才等其他人才的培养。其实，也就是忽视了少数民族地区人才结构的问题。

我们国家目前培养少数民族人才的主要方式还是采取种种优惠政策和待遇来鼓励少数民族群众去接受按照统一的教育模式和培养方式，或者说我国总体上是采用全国统一教学大纲、统一专业课程和教材、统一标准和规格等来培养少数民族各类人才。这一模式在我国人才资源开发史上作出了不可磨灭的贡献，培养了大量的少数民族人才，为少数民族地区经济和社会的发展贡献了智力力量。但是，从民族和文化角度来看，这种不管少数民族地区需不需要，也不管所培养出来的人才适不适应当地经济和社会发展需要，完全按照汉文化和教育来进行“大一统”人才培养模式其实就是在培养“汉化”人才，这与欧美发达国家在培养中国留学生其实就是在培养“西化”人才有点相似。这一模式最大的缺陷就是忽视了少数民族地区特殊的地理环境、文化传统等因素，忽视了少数民族地区经济和社会发展的实际需要。简单地说，就是忽视了按少数民族自身的“族情”和民族地区区域经济发展需要来培养“本族化”和“本土化”人才。这种对少数民族长此以往的“汉化”式人才培养模式对保存我国民族成分的多种类、保持我们中华民族文化的多样性等是利大于弊，还是弊大于利，都值得人们从不同角度进行深思。因此，我们对少数民族现有人才资源开发模式需要进行继承和创新。

（4）云南省建设“绿色经济强省、民族文化大省、连接南亚和东南亚的国际大通道”三大目标的实现以及云南省民族地区构建社会主义和谐社会和建设社会主义新农村需要关注云南少数民族人才资源开发。

云南39.4万平方公里的广袤的红土高原上，聚集了52种民族成分，其中5 000人以上的民族有26种，少数民族人口占全省总人口的1/3以上。在云南设有8个民族自治州，其土地面积占云南省的70.2%；民族自治地区人口占全省的51.2%；在民族自治地区内，少数民族人口占53.9%。[①]

云南省在西部大开发中的目标是把云南建设成“绿色经济强省、民族文化大省、连接南亚和东南亚的国际大通道”三大目标，使经济和社会协调发展，以改善人民生活水平，提高人民生活质量。这三大目标的实现都离不开大力开发云南少数民族与民族地区的人才资源。再说，民族地区构建社会主义和谐社会和建设社会主义新农村也离不开云南少数民族与民族地区的人力资源和人才资源。然而，云南人才总量仅占其人口总数的2.9%，少数民族人才总量所占比例更少。可见开发云南少数民族人才资源十分必要。

总之，鉴于西部大开发在中华民族社会主义现代化建设和中华民族伟大复兴中的重要作用，鉴于西部民族地区全面建设小康社会在全国全面建设小康社会中的重要意义，鉴于人才问题在建设有中国特色社会主义事业和西部大开发中的重要地位，开展少数民族与民族地区的人才资源分析和开发战略研究，在我国21世纪头20年重要战略机遇时期具有极其重要的理论和现实意义。

（二）主观方面

笔者对人力资源开发与管理非常感兴趣，准备将之作为长期的研究方向。笔者所学专业是马克思主义民族理论与政策，基于

① 根据《改革开放二十年的云南民族经济》相关资料整理而成，云南科技出版社，1998年版。

专业要求，结合兴趣，自然而然地会选择少数民族与民族地区的社会问题作为研究对象。笔者在云南大学求学，对云南有不解的情缘，比对西部其他地方有更多的感性认识，再说在云南少数民族与民族地区进行社会调查有许多便利条件。还有，云南省社会科学院民族学研究所所长王清华研究员是全国有名的哈尼学专家之一，他倾其一生心血从事红河哈尼族的田野工作和民族学研究并在哈尼学方面有所建树，凭王清华老师各方面的能力和条件，完全可以指导我完成如此复杂的研究和田野调查工作。这样，选题《少数民族人才资源因族开发战略研究——理论建构及对红河哈尼族人才资源开发的实证分析》便顺理成章了。

二、目前我国少数民族人才资源开发研究现状①

（一）关于研究对象使用相关概念的说明

目前，关于民族的定义，理论界仍是众说纷纭，莫衷一是，但对我国理论界影响较大的民族概念是斯大林的马克思主义科学民族定义，也即“民族是人们在历史上形成的一个有共同语言、共同地域、共同经济生活以及表现于共同文化上的共同心理素质的稳定的共同体”②。至于什么是少数民族，各界人士都统一认为，在我国，人口相对于汉族而言较少的民族就称为少数民族。

在我国理论界，至今还有人提出我国只有汉族才算民族，而其他少数民族应以族群或族类等名称称之。而“1953 年，毛泽东在中共中央讨论《关于过去几年内党在少数民族中进行工作

① 参见曾豪杰著《我国少数民族人才理论研究现状及紧迫性分析》，载《法制与社会》2007 年第 9 期。

② 《斯大林选集》（上卷），人民出版社，1979 年版，第 64 页。

的重要经验总结》会上明确指出，‘科学的分析是可以的，但政治上不要去区分哪个是民族，哪个是部族或部落’①”②。因此，本书从马克思主义民族理论与政策专业角度出发，按照毛泽东同志的提法，对我国各少数民族都以民族称呼之。

根据云南2000年第五次全国人口普查可知，在云南登记的少数民族有55个，而事实上云南世居民族只有26个。云南25个世居少数民族中有15个是其特有的少数民族。③ 正因如此，本书研究的少数民族相关资料主要限于云南世居的25个少数民族，特别是其特有的少数民族。

我国在少数民族聚居的地区实行民族区域自治，因此，凡是实行民族区域自治的地方都是民族地区。云南省设有8个民族自治州，而云南省其他未实行民族自治的地、州、市还设有26个民族自治县，故本书研究的对象的相关材料主要是以这8个民族自治地方为主。

（二）目前关于我国少数民族人才资源开发的研究现状

1. 关于我国少数民族人才资源开发研究现状

目前，国外关于我国少数民族人才资源开发战略的理论还是空白。国内关于我国民族地区人力资源开发与管理以及人才资源开发研究的论文较多，专著较少。但笔者认为能上升到理论高度的不多，大多仅限于以汉族为主体的民族地区，并且仅限于对策

① 刘先照：《关于民族的几个基本理论问题》，载《民族研究》1999年第2期。

② 陈国新、杜玉银主编：《马克思主义民族理论发展史》，云南大学出版社，2001年版，第293页。

③ 此说在理论界尚有争议，笔者在此为方便起见，沿用云南舆论宣传界及理论界习惯说法。

性研究，还有大多都是站在汉民族主体经济、强势文化和教育的角度来探讨如何发展少数民族地区经济，如何搞好民族教育等来培养少数民族人才。

自1993年以来，国家社会科学基金资助关于或者涉及“少数民族与民族地区人才资源开发战略研究”（近年来我国申报关于少数民族人才资源开发研究课所规定的统一课题名称，并作为民族问题研究类课题）的课题研究项目情况如下：

1993年度：国家教委民族地区教育司吴德刚申报的《少数民族地区人才培养问题研究》（批准号为93BM2005，拟于1995年12月完成的专著）。

1996年度：中共宁夏区委党校戴维新获得资助的《民族地区跨世纪领导人才队伍建设研究》（批准号为96ADJ005，拟于1999年1月完成的专著和研究报告）。

1998年度：贵州省人民政府发展研究中心王礼全获得资助的《少数民族地区人力资源开发减轻贫困研究》（批准号为98BMZ012，拟于1999年4月完成的专著和研究报告）。

2004年度：青海民族学院学报编辑部张和平获得资助的《西北少数民族地区人力资源开发的特殊性研究》（专著和研究报告）；河北大学人口研究所王金营获得资助的《西部人力资本积聚与开发机制研究》（计划于2005年2月25日完成的论文集或研究报告，民族问题研究一般项目）；湖南省社会科学院胡跃福获得资助的《西部人才政策措施实施效果的调查与评估》（计划于2005年6月30日完成的专著或研究报告，民族问题研究一般项目）。

2005年度：广西民族大学徐学莹获得资助的《少数民族与民族地区人才资源开发战略研究——以广西壮族自治区少数民族妇女人才资源开发为例》（计划于2006年12月30日完成的专著

或论文集，民族问题研究一般项目）；内蒙古党建研究所王亚获得资助的《少数民族与民族地区人才资源开发战略研究——内蒙古人才资源开发战略的政策取向研究》（计划于2006年12月31日完成的研究报告或论文等，民族问题研究一般项目）；延边大学外国语学院英语系张贞爱获得资助的《新时期少数民族地区人才资源开发战略研究——少数民族外语教育现状和发展对策》（拟于2007年10月30日完成的论文集或研究报告，民族问题研究一般项目）；石河子大学师范学院中文系王立昌获得资助的《西部民族地区人文素质的提高与社会经济可持续发展的关系研究》（计划于2006年2月24日完成的研究报告，民族问题研究一般项目）。

从网上查知，设有此课题的还有中国人民大学劳动人事学院等。

从以上课题研究项目申报获得资助情况来看，关于“少数民族人才资源开发”是最近才越来越引起关注和受到重视的。因多方面的原因，笔者目前还没有发现和找到他们的研究成果。

其他的关于少数民族人才资源开发现状分析和对策等研究比较优秀的成果有，潘晨光主编、社会科学文献出版社2004年10月出版的《中国人才发展报告NO1》中李成武撰写的《少数民族人才现状及其改善途径》；云南民族大学法学与公共管理学院赵丽珍教授获国家自然科学基金资助项目《多民族地区人才战略管理系统研究（G0306，项目批准号为0463005）》中阶段性成果《少数民族女性人才资源开发策略思考》［载《云南民族大学学报（哲学社会科学版）》2004年11月第21卷6期］；金炳镐指导的中央民族大学中国民族理论与民族政策研究院马克思主义民族理论与民族政策专业2004届硕士研究生卢贵子所写的毕业论文《论少数民族和民族地区的人才发展战略》等。

2. 关于云南少数民族人才资源开发研究现状

对于专门以云南或云南少数民族与民族地区为研究对象的成果主要是，从省级到县级各级政府依据《中共中央国务院关于进一步加强人才工作的决定》所撰写的地方人才工作文件说明较多；学者所研究的成果，论文不多，专著极少。其中笔者十分欣赏和认为值得称赞的有：

（1）以陈琳、赵晓澜为组长并获得云南省政府省院省校合作项目资助和国家自然科学基金项目（70063006）资助的云南人才战略研究课题组所著的《云南人才战略研究》。此书“在对人才资源开发与管理的理论分析和实证调查的基础上，剖析了人才竞争的新变化和新挑战，揭示了云南实施人才战略面临的重要问题，提出了云南人才战略的基本思路、对策、措施和建议”①。此书对云南人才战略研究达到了国内先进水平和云南目前最高水平。但此书并未以云南少数民族为研究对象，主要是站在云南汉族主体经济、强势教育和文化立场来看问题。

（2）陈琳主编、云南大学出版社 2001 年 2 月出版的《贫困地区人力资源开发》。此书也是在实证调查的基础上对云南贫困地区人力资源开发现状、问题、成因、措施、对策等方面进行了详细的论述。任何一项优秀的研究都有其别具一格的一面，也都会有其局限性。此书也是如此，其研究限于贫困地区人力资源，这自然包括云南汉族贫困地区，排除富裕的少数民族地区。

（3）云南大学马列主义教学研究部博士、博士生导师任新民教授著、云南大学出版社 2001 年 12 月出版的《云南少数民族地区梯度结构与人力资源梯次开发》。此书从结构功能主义哲学

① 参见云南人才战略研究课题组著《云南人才战略研究·内容简介》，科学出版社，2003 年版。

原理出发，以云南少数民族地区人力资源开发为实证分析，详细准确地分析和指出少数民族地区人力资源所存在的梯度结构现状、特点、成因，并依此分析了少数民族地区实施人才资源梯次开发的机遇与困难、难点，还依此探讨在知识经济时代背景下少数民族地区如何从民族教育、普及提高科学技术、建设民族文化大省等角度实现人力资源的梯次开发。笔者认为，此书是目前专门研究云南少数民族地区人力资源开发并上升到理论高度，也即“梯次开发”理论，创新非常多，于实践又有很高借鉴意义的专著。不愧是一部优秀的关于少数民族人力资源开发专著。笔者因族开发战略的核心内容构想部分中的“梯次开发与跨越开发相结合”的战略思路就来源于云南省人力资源开发研究专家任新民教授的“梯次开发”理论。

3. 关于哈尼族人才资源开发研究现状

研究哈尼族人才资源开发的成果极少，只有一些研究与哈尼族相关问题时顺便提及要重视哈尼族人才培养。目前较为详细的只有李少军《对西部开发中人才问题的实证研究——哈尼族人才现状的调查与思考》。此文分析了云南省哈尼族人才状况及问题所在，并提出“认真贯彻党的民族政策，严格执行民族区域自治”、“改变哈尼族地区的贫困和落后现状，提高哈尼族人才队伍的质量”、“自力更生，充分发挥现有人才队伍的带动辐射作用”[①] 等几大对策。但此文只是一个调查报告，人才主要限于哈尼族党政人才，并且没有上升到理论高度来认识少数民族人才资源开发问题。

---

① 戴庆夏主编：《中国哈尼学》（第一辑），云南大学出版社，2000年版，第12～13页。

三、研究目的

少数民族人才资源开发问题是一个全方位、多层面，涉及社会、政治、经济、科技、文化等各个领域，难度大的课题，是一个复杂的社会系统工程问题。笔者根据我国人才强国战略的部署，按照注重提高素质、改善结构和培养少数民族各类专业技术人才的要求，结合云南省民族地区西部大开发、全面建设小康社会、加快少数民族和民族地区经济社会发展的实际需要，对云南少数民族人才资源开发进行战略性研究。希望通过深入实际调查和大量的文献资料研究提出的“因族开发”战略能为落实和贯彻党和政府的西部大开发、科教兴国、人才强国等战略提供理论和政策支持，为整个西部少数民族人才资源开发与管理提供可借鉴的经验、教训、新思路和新对策，为民族地区党委和政府决策提供前瞻性、战略性的人才工作思路，成为其得力的“思想库”和“智囊团”之一。

第二节　本书的基本结构和主要内容

一、本书的基本结构

第一章　导　言

　　第一节　研究背景及研究目的

　　第二节　论文基本结构和主要内容

　　第三节　力求创新之点与研究不足之处

　　第四节　研究方法及技术路线

第二章　科学人才观：人才资源开发的新理念

第六章 对云南红河哈尼族人才资源开发的实证分析
第一节 红河州哈尼族人才资源开发实证分析基本说明
第二节 红河州哈尼族人才资源开发观察访谈描述分析
第三节 红河州哈尼族人才资源开发问卷调查实证分析
第四节 红河州哈尼族人才资源开发统计调查综合分析
第七章 少数民族人才资源因族开发战略结语
第一节 因族开发是一个概念
第二节 因族开发是一个思路
第三节 因族开发是一个模式
第四节 因族开发是一个战略

二、本书的主要内容

第一章 "导言"部分主要介绍研究背景与研究目的，论文的基本结构和主要内容以及力求创新之点和研究不足之处，并说明研究对象相关问题和相关文献综述以及本书的研究方法和技术路线。

第二章"科学人才观：人才资源开发的新理念"部分对什么是人才的内涵与外延，什么是人才资源，什么是人才资源开发，什么是人才战略等相关理论进行夹叙夹议式地综合评述。

第三章 "因族开发：少数民族人才资源开发的战略选择"部分对因族开发概念的界定、因族开发战略的指导思想、地位和意义、理论与现实依据等进行简明扼要地说明。

第四章 "少数民族人才资源因族开发战略核心内容构想"部分对因族开发战略的愿景、目标、思路及对策等进行简单的说明。

第五章"少数民族人才资源因族开发战略对策"部分重点阐述了：（1）以加强党的执政能力建设为契机，重点开发少数民族党政人才资源；（2）以培育新的经济增长点为突破口，努力开发少数民族科技人才资源；（3）以发展民族地区特色产业为引擎，重视少数民族特色人才资源开发；（4）以构建社会主义和谐社会为大局，特别开发少数民族宗教人才资源；（5）以优先发展少数民族教育为基础，关爱少数民族女性人才资源开发；（6）以举办民族节日庆典活动为良机，扶持少数民族“草根人才”资源开发，以探讨少数民族人才资源因族开发的必要性和可行性。

第六章　“对云南红河州哈尼族人才资源开发的实证分析”部分是在田野工作的基础上，以云南红河哈尼族人才资源开发为个案对因族开发战略进行实证分析，以探讨其必要性和可行性。

第七章　“结论”部分对全文进行小结，指出因族开发对少数民族人才资源开发而言，不仅可以是一个概念，而且可以是一种思路；不仅可以是一种模式，而且可以是一个战略。

第三节　力求创新之点与研究不足之处

一、力求创新之点

（一）理论方面

1. 理论建构

对少数民族人才资源开发进行理论建构，提出因族开发战略，并且对其概念、指导思想、性质和地位、理论与现实依据、战略愿景和战略目标、战略思路与战略对策等几个方面的问题进行详细而简练的说明。

2. 重要观点

（1）提出“以发展民族地区特色产业为引擎，重视少数民族特色人才资源开发”。

（2）提出“以构建社会主义和谐社会为大局，特别开发少数民族宗教人才资源”。

（3）提出“以举办民族节日庆典活动为良机，扶持少数民族‘草根人才’资源开发”。

（二）材料方面

笔者在云南省社会科学院民族学研究所哈尼族研究专家王清华所长、导师的亲自带领和指导下，多次深入云南红河哈尼族地区进行田野调查，注意收集和使用具有典型意义的第一手资料，也即哈尼族人才资源开发方面的材料和数据。

（三）研究方法方面

初步尝试将民族学和人类学的研究方法，如田野纪实手法引入人力资源和人才资源开发实证分析研究之中。

（四）选题与写作方面

1. 选题力求比较独特

当笔者看到2005年5月27日胡锦涛同志《在中央民族工作会议暨国务院第四次全国民族团结进步表彰大会上的讲话》中对于新形势下做好民族工作要“坚持因地制宜、因族举措、分类指导，制定并实施符合少数民族和民族地区实际的政策措施”[①]时浮想联翩，如何在少数民族人才资源开发中贯彻落实“因族举措”呢？经过一番冥思苦想，结合一段较长时间的相关

① 胡锦涛：《在中央民族工作会议暨国务院第四次全国民族团结进步表彰大会上的讲话》，载《人民日报》2005年5月28日第1版。

学习和研究，最后，笔者认定坚持少数民族人才资源“因族开发”才是贯彻落实“因族举措”原则较为理想的办法。

2. 布局谋篇力求新颖

（1）采用大题小做手法。本书仅仅简单地介绍和说明少数民族人才资源“因族开发”战略的内涵、指导思想、地位和意义、理论与现实依据、战略愿景、战略目标、战略思路与战略对策等八个方面的小问题。

（2）采用小题大做手法。将六个少数民族人才资源因族开发战略对策分作六个大问题进行详细的分析和阐述，以论证因族开发战略的必要性和可行性。

二、研究不足之处

本书对云南少数民族人才资源开发与管理研究还存在许多不足之处，主要有：

（一）研究经费方面

由于研究经费的限制，对少数民族和民族地区调查不够，导致理论分析缺乏有力的实证调查数据验证，有闭门造车和“想当然”之嫌。

（二）研究能力方面

由于笔者研究能力的限制，对人才开发与管理规律研究不透，对云南少数民族人才资源开发与管理情况和其他省区的少数民族的比较研究不够，从而导致对其他少数民族与民族地区的可借鉴意义和措施推广意义受到一定程度的限制。

（三）感性认识方面

笔者是汉族人，在汉族地区长大，没有少数民族地区的生活经历，对少数民族的民族心理、生活方式、风俗习惯、经济现状等各方面都缺乏深刻的感性认识，导致理论假设部分有些肤浅，甚至有点“无知所以无畏”的感觉。

（四）研究对象方面

笔者认为“少数民族人才资源因族开发”是一个具有可持续研究的复杂的重大课题。其中战略对策是最具有研究价值的东西，如少数民族党政人才的选拔和任用机制研究、少数民族企业家培养机制研究等等。但因经费、笔者研究能力及在云南求学时间短暂等多方面的原因，本书中的六大对策还仅限于宏观层次和表面，有待于深入微观领域研究和实际可操作性政策与对策层面研究。

第四节 研究方法及技术路线

一、研究方法

本项目研究坚持历史唯物主义和辩证唯物主义理论为指导，采取实证研究和规范研究相结合，定性分析和定量分析相结合，系统分析、比较分析和个案研究相结合。详细研究方法情况如下：

（一）文献研究法

所谓文献研究（document study）法就是“一种通过收集和分析现有的，以文字、数字、符号、画面等信息形式出现的文献资源，来探讨和分析各种社会行为、社会关系及其他社会现象的研究方式”[①]。在本文中主要是通过查阅《中国民族统计年鉴2004》、《云南省2000年人口普查资料》、《全国第五次人口普查资料》、《云南经济年鉴2004》、《梯田文化论》等相关统计数据、资料以及相关权威性的著作和论文，从宏观上把握云南少数民族人才资源总体状况，从中发现问题和寻找其规律性。

（二）调查研究法

“没有调查，就没有发言权。”[②]“如今，调查研究也许是社会科学领域最常用的观察方法。”[③]本文也采用这种科学研究方法，具体如下：

1. 实地考察

通过到云南红河南岸哈尼山乡等少数民族地区进行实地考察，调查哈尼族人才资源开发的实际情况。

2. 个人访谈

通过面对面或电话甚至QQ聊天等方式，与相关专家、学者或少数民族党政干部、企业经营管理人才、技术专业人才或少数民族普通群众以及其他不知真实性别、民族、年龄和籍贯的网友等进行直接或间接交谈，以获得他们对本问题的一些认识和看法，了解他们对云南少数民族人才资源开发的思想和观点。

3. 问卷调查

通过在少数民族地区组织发放问卷进行调查；通过本班少数民族同学，让他们在其家乡的同学或朋友中的同族或其他少数民

---

① 风笑天著：《社会科学研究方法》，中国人民出版社，2001年版，第217页。

② 《毛泽东选集》（第一卷），人民出版社，1991年版，第109页。

③ 艾尔·巴比著、邱泽奇译：《社会科学研究方法基础》（第八版），华夏出版社，2002年版，第217页。

族中进行问卷调查；通过中国邮政邮寄问卷和通过电子邮件进行问卷调查，以获得有关云南少数民族与民族地区人才资源开发与管理的第一手资源，了解云南少数民族与民族地区人才资源开发与管理的真实现状。

（三）比较研究方法

“比较分析法是一种在社会科学中具有悠久历史并且在目前广受欢迎的研究形式。”[①] 因此，本书也使用这种研究方法，具体操作是：

1. 历史比较

通过对云南少数民族与民族地区历史上的相关统计资料进行分析，了解其发展过程，从中发现其规律性特点。

2. 地区比较

通过将云南民族地区与西部地区和东部其他一些地区的人才资源开发情况进行比较，发现其存在的问题以及可以实施采纳的开发思路和对策。

3. 民族比较

通过对云南各少数民族人才资源开发进行民族间的比较，找其不同特点，为探讨因族开发的可行性提供理论支持。

4. 性别比较

通过对少数民族男性与女性人才资源开发作比较，得出相关结论，因此阐明因性开发的必要性。

（四）跨学科、多视角研究

少数民族与民族地区人才资源开发本身就是一个系统工程，

---

① 艾尔·巴比著、邱泽奇译：《社会科学研究方法基础》（第八版），华夏出版社，2002年版，第264页。

需要人才学、社会学、民族学、政治学、经济学、宗教学、文化学、教育学等多学科知识和研究方法对其进行研究，也需要除了从马克思主义民族理论与政策专业角度思考外，还需要从哲学、人才学、民族学、教育学、社会学等多学科角度对其进行分析和思考。本书尽力以马克思主义民族理论与政策专业和人力资源开发与管理专业角度为基点，以其他诸如哲学、经济学、教育学、社会学等专业为辅助视角，对少数民族人才资源开发战略进行尝试性分析、研究和探讨。

二、技术路线

本项目研究采用的技术路线为：导言——相关理论综述——因族开发战略理论建构——实证分析。也即：第一步，对相关人才理论进行综述。第二步，对少数民族人才资源开发战略进行理论建构，也即提出因族开发战略，并简要地说明少数民族人才资源开发战略的含义、指导思想、地位和意义、战略愿景、战略目标、战略思路及战略对策等内容；重点分析说明少数民族人才资源因族开发战略的理论与现实依据和思路与对策。第三步，以云南红河哈尼族人才资源开发为例对相关内容进行实证分析。

研究技术路线框架图如下：

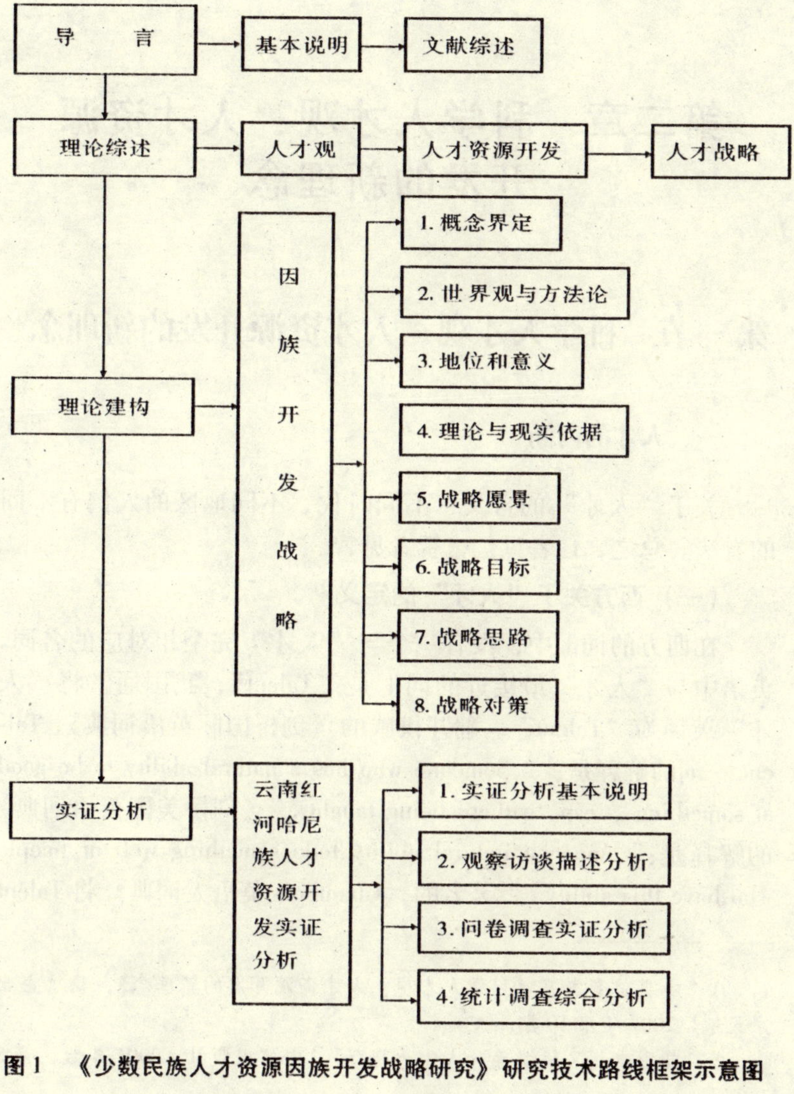

图1 《少数民族人才资源因族开发战略研究》研究技术路线框架示意图

第二章 科学人才观：人才资源开发的新理念

第一节 科学人才观：人才资源开发的新理念[①]

一、人才的内涵

关于“人才”的含义，不同时代、不同地区的人们有不同的看法。总之，仁者见仁，智者见智。

（一）西方关于“人才”的定义[②]

在西方的词汇中，没有一个与“人才”完全相对应的名词。英语中与“人才”最接近的词汇是“Talent”，我国通常将“人才”英译为“Talent”。翻开权威的《剑桥国际英语词典》，Talent一词的解释是：“ Someone who has a natural ability to be good at something ，esp，without being taught .”《剑桥美国英语词典》的解释是：”Aspecial natural ability todo something well or people who have this ability .”著名的《Chambers 英语大词典》将 Talent

① 参见曾豪杰著《科学人才观：人才资源开发的新理念》，载《企业家天地》2007 年第 10 期。

② 转引自胡又牧编著《人才大视野》，中信出版社，2001 年版，第 5 ~6 页。

解释为："Persons of special ability．" 这些解释强调的是特殊能力，而不涉及人对社会的贡献。

在众多的国外文献中，很难查到"人才"的定义，以下列举有关这方面一些有代表性的论点：

法国著名思想家狄德罗："知道事物应该是什么样，说明你是聪明的人；知道事物实际上是什么样，说明你是有经验的人；知道怎样使事物变得更好，说明你是有才能的人。"

美国"数字化之父"尼古拉·尼葛洛庞蒂："我认为人才不是那些学多少知识的人，而是那些能承担风险，能不循规蹈矩地做事情的人。"

美国人才学者罗杰·E. 赫尔曼："'才'可以依你的意愿定义。对某些人而言，是指他们的方法、专长，对另一些人而言，它可能是指贡献、生产能力、魄力和决断力、巨大成就、创造能力、教育水平、行业或领域的地位等因素，以及这些因素的组合和其他因素。你可以根据达成目标所需要的最重要的事来定义'才'。""有许多因素把人才与普通人区别开来，这是一个素质问题。人才是那些我们不愿失去的、有突出贡献的人，是圆满完成工作的人，每个人才都为组织带来与众不同之处。"

从以上一些有代表性的论点可以看出，西方文献更多的是将人才定位为与众不同的人。

（二）中国关于"人才"的定义

1. 辞典关于人才的解释

《辞海》对人才有三种定义：（1）有才识学问的人，德才兼备的人；（2）指才学、才能；（3）指人才的品貌。[①]《辞源》对

① 《辞海》，上海辞书出版社，2002 年版，第 1392 页。

人才含义的界定是：(1) 人才的才能；(2) 有才学的人；(3) 人的品貌。[①] 这些词典关于人才的定义比较简单明了，很难充分表达"人才"的丰富内涵。

2. 我国部分人才学专家对人才含义的界定

王通讯认为人才就是为社会发展和人类进步进行了创造性劳动，在某一领域、某一行业或某一工作上作出较大贡献的人。[②] 这一定义是目前使用最为广泛的定义。他指出人才必须具备三个条件：一是德，为了社会发展和人类进步；二是进行创造性劳动；三是作出了较大贡献。本定义将潜在人才排除在外。

叶忠海认为人才是指在一定社会条件下，能以其创造性劳动，对社会在某个方面的发展作出某种较大贡献的人。[③] 这一定义与王通讯界定的相比，少了"德"的要求，即为社会发展和人类进步；并且也同样把潜在人才排除在外。

雷祯孝认为：狭义而言，人才，作为个体来定义，是指那些以自己的创造性劳动成果，对认识自然、改造自然，对认识社会、改造社会，对人类进步作出了某种较大贡献的人。广义而言，人才作为社会现象来定义，它始终是指那些物质生产和精神生产中，正从事创造性劳动的人。[④] 这一定义把人才作为个体和社会现象来界定，没有强调"德"的要求，但比较重视"创造

---

① 《辞源》(修订本) (1~4 合订本)，商务印书馆，1988 年版，第 86 页。

② 王通讯著：《人才学通论》，天津人民出版社，1985 年版，第 8 页。

③ 叶忠海主编：《人才学概论》，湖南人民出版社，1983 年版，第 12 页。

④ 转引自胡又牧编著《人才大视野》，中信出版社，2001 年版，第 3 页。

性劳动”的要求。

钟祖荣认为：人才，是在品德、智能、创造性三者中的一个或几个方面，其实际水平和实际成果都杰出的人。人才是适应一定的社会需要，利用一定的外部条件，充分发挥主观能动性，在劳动中形成并发挥其杰出的内在素质的人。①这一定义不强调人才是品德、智能、创造性三者的统一体，而提出只要在其中某一方面或几个方面比较杰出就是人才。这样，降低了人才标准，扩大了人才范围。

纪大海：人才应是在一定时间范围内，实际能力超出同行一般平均能力水平，所创价值高于同行所创价值的社会平均值水平的人。这一定义主要强调人才是实际能力出众的人。

罗谦恕：人才就是素质优异，能在认识世界、改造世界的实践中，以高效率的劳动为社会创造出高价值的人。该定义主要侧重于强调人才的素质和创造性劳动成果。

李寿生：人才，按照一般的理解，是指那些才能高于一般人，对社会贡献大于一般人的人。该定义强调人才的才能和贡献两个方面。

王元瑞认为：人才就是指具有较好的内在素质，能够用自己的开拓性劳动，对社会发展和人类进步作出积极贡献的人。该定义与王通讯的差不多，只是还强调了人才必须具备较好的内在素质。

罗刚认为：所谓“人才”，是指具有专门知识和较强的能力，并且以其创造性的劳动，为人类进步和社会发展作出比常人更大贡献的德才兼备的人。此定义在王通讯定义的基础之上，指出人才还必须具备专门知识和较强的能力。

① 钟祖荣著：《现代人才学》，浙江教育出版社，1988年版，第5页。

姚润月认为：所谓“人才”，是指有才识学问的人、德才兼备的人，亦即有学问、有见识、有才能而又品德高尚的人。此定义比较简单明了，跟词典上所解释的差不多。

贺淑曼认为：人才就是占有知识和创造知识的人。此定义只是从占有和创造知识与否来界定人才，范围较窄，将那些实用型人才等排除在外。

陈登才认为：凡是能够适应社会发展需要，并顺应经济社会发展趋势而逐步提高自身素质和能力的人就应该称之为人才。[①] 此定义放宽了人才的要求和标准，只是以适不适应社会发展需要和愿不愿意提高自身素质和能力为标准。

总而言之，我国理论界关于“人才”的含义一直有争论，还没有达到完全统一的意见，但基本认识是一致的。如：人才必须具备一定的道德素质和知识或技能，并能进行创造性劳动等。

二、人才的外延

（一）人才的特征

人才除具有人力资源所具有的所有特征外，如生物属性、社会属性、能动性、时效性、流动性等，还具有许多与众不同的特征，如特殊的个性、言语和行为、思维方式等。与常人相比，人才的特征主要有：

（1）超常性或不一般性、与众不同性。

（2）创造性。创造性是人才最本质的特征。这是人才区别于普通劳动者的关键所在。

---

① 陈登才、梁春鸿著：《人才战略——强国富民兴党的重要战略》，江苏人民出版社，2004年版，第215页。

（3）社会进步性。人才是社会的产物，是一定历史条件下的产物。人才只有顺应历史潮流，适应社会需要，才能为社会作贡献。历史上有不少人物，他们可能才智过人，但做的却是违背社会发展规律的事，对社会进步起负面作用，如德国的希特勒、意大利的墨索里尼、日本的东条英机、中国的汪精卫等，这样的人，不管他个人的本事与能力有多大，都不应视为人才。总之，人才应是杰出性、创造性及社会进步性的统一体。

（二）人才的标准和要求

不同的人对人才的标准也有不同的看法，有的以学历为标准，有的以资历为标准，有的以职称为标准，有的以创造性为标准，有的以贡献大小为标准，等等，总之，五花八门。下面主要说明一下与研究相关的标准。

（1）以学历为标准。有中专、大专、本科、研究生或者同等学历者（例如通过电大考试和自学考试、职工大学毕业的）等不同层次的人才。

（2）以学位为标准。有学士、硕士、博士。

（3）以职称为标准。从事工程技术的有技术员、助理工程师、工程师、高级工程师，科研单位有实习研究员、助理研究员、副研究员、研究员，高等院校有助教、讲师、副教授、教授，经济管理部门有经济员、助理经济师、经济师、高级经济师，医药卫生部门有医士、医师、主治医师、主任医师，等等。

由于人才学有关“人才”的定义很难量化，在行政统计、理论研究和管理实践中将标准范围明确和容易区分的学历和职称作为主要衡量标准。我国人事部门通常将具有中专或中专以上学历或具有初级专业技术职称以上的人，纳入专门人才范畴。这种定位便于统计与量化，但它显然低于人才学定义的标准。为了便于研究，本书依然采用依靠这一传统方法统计的数据进行说明相关问题。

其实，不同的时代，人才的标准不相同，对人才的要求也不同。如现代国力竞争呼唤新型人才，这种新型人才需要以下几种能力：具有全球化、国际化的语言、文化、知识、视野；能够更新知识结构，掌握新的学习方法与科学工作方法，善于了解科学技术发展前沿和满足不断更新的社会需求；必须具备学习、创新、创业与服务的精神和能力；善于吸收和融合世界各民族文化的精华；追求人与自然的协调发展，注重环保；能够将科学精神、科学方法与人文精神、人文艺术方法结合起来，使科学技术的应用更有利于人类社会的文明进步，达到人与自然的协调发展等，而这些要求在古代是不可能的。

（三）人才的分类

人才按不同的标准可以分为不同的类型。

（1）按部门工作性质人才可以分为党政人才、企业经营管理人才、专业技术人才等。

（2）按社会领域人才可以分为政治人才、经济人才、军事人才、教育人才、宗教人才等。

（3）按人才的才能和能力是否发挥出来人才可以分为潜在人才和显人才。潜在人才系指内在素质较好，但其才能与潜力有待发挥者。显人才是指才能和能力已经表现出来的人才。将潜在人才转化为显人才正是我们人才资源开发与管理的一项重要任务，也是我们壮大人才队伍的有效途径。比尔·盖茨认为，每个人都是潜在的人才，只要有合适的环境与条件，他们都将成为现实的人才。基于此和“人人都能成才”的观念，我们人才资源开发也就是要想办法将潜在人才转化为显人才，让显人才尽展其才。

（4）按创新能力大小人才可以分为以下四种类型：

“一”字形人才。这种人才虽然知识面比较宽，但是缺乏深入的研究和创新。

“I”字形人才。这种人才在某一专业方面研究得比较深，非常可贵。但知识面太窄，缺少将各种知识融会贯通、进行创造性研究的能力。

“T”字形人才。这种人才不仅知识面比较宽，而且在某一点上还有比较深入的研究，但其弱点是不能冒尖，不能创新。

“十”字形人才。这种人才既有较宽的知识面，又在某一点上有较深入的研究，而且敢于出头、冒尖。

按其他的标准，人才还可分为通才与专才；理论型人才与实践型人才；开拓性人才与执行性人才；战略性人才与战术性人才；理论型、经济型、美术型、社会型、权力型和宗教型人才；等等，由于相关资料很多，故本书不再多介绍。

三、科学人才观是人才资源开发的新理念

中共历代领导人对人才都十分重视，关于人才的论述也比较多。毛泽东同志指出选拔党政干部应任人唯贤，强调德才兼备、“又红又专”。

邓小平同志在改革开放初期的特殊历史背景下强调党政干部应符合“革命化、年轻化、知识化、专业化”等“四化”标准，并且号召人们“尊重知识，尊重人才”。

江泽民同志指出：“在社会的各种资源中，人才是最宝贵最重要的资源。”[①]并提出“人才资源是第一资源”[②]的重要思想。

---

① 《江泽民文选》（第三卷），人民出版社，2006年版，第319页。

② 转引自《人才强国战略干部读本》，中共中央党校出版社，2004年版，第21页。

以胡锦涛同志为核心的新一代中央领导集体在新时期新背景下总结了我国人才思想和经验教训，提出了“科学人才观”。指出：“人才存在于人民群众之中。只要具有一定的知识或技能，能够进行创造性劳动，为推进社会主义物质文明、政治文明、精神文明建设，在建设有中国特色社会主义伟大事业中作出积极贡献，都是党和国家需要的人才。要坚持德才兼备原则，把品德、知识、能力和业绩作为衡量人才的主要标准，不唯学历、不唯职称、不唯资历、不唯身份，不拘一格选人才。鼓励人人都作贡献，人人都能成才。”①

由此可见，科学人才观包括以下三个重要观念：

（一）人才资源是第一资源的观念

把人才资源作为最重要的战略资源来认识、开发和管理，促进劳动力数量优势转化为人才优势。

（二）人人都可以成才的观念

鼓励人人成才，要求我们建立新的人才评价使用机制，把品德、知识、能力和业绩作为衡量人才的主要标准，不唯学历、职称、资历、身份，不拘一格选人才；要求我们立足于“人人都能成才”，千方百计将潜在人才转化为显人才，让显人才能淋漓尽致地施展其聪明才智。

（三）以人为本的观念

这要求我们“尊重劳动、尊重知识、尊重人才、尊重创造”，要求我们为实现人的全面发展而努力创造良好的生活、学习和工作环境。

---

①《中共中央国务院关于进一步加强人才工作的决定》，载《人民日报》2004年1月1日第1版。

"科学人才观是对人才资源开发规律的科学揭示，是马克思主义关于人才问题的基本观点和根本看法，也是辩证唯物主义和历史唯物主义世界观在人才领域的体现。"① 实际上，科学人才观不仅是我们党总结我国过去人才理论与实践的经验和教训而得出的最新人才理念，而且是我国人才强国战略的重要世界观和方法论，也是我国人才资源开发与管理工作实践中需要坚持的重要的新理念，还是我国少数民族人才资源开发必须贯彻落实的重要的新的指导思想。

第二节　人才资源开发：现代经济和社会发展的客观需要

一、人才资源是第一资源

经济资源常可分为自然资源、物质资源和人力资源三大类。其中自然资源，即环境资源或生态资源，指太阳辐射、气候、风、水源等；生物资源，即再生资源，指森林、草原、鸟、兽、鱼、牲畜等；矿产资源，即非再生资源，指各种矿石、煤、石油和天然气等。简而言之，资源是天然存在，可供开发的资财来源，是某种可备以利用，提供资助或满足需要的东西。

"人力"，简单地说，就是指人的劳动能力。从人力资源开

① 《人才强国战略干部读本》，中共中央党校出版社，2004 年版，第 112 页。

发与管理专业角度来讲，人力资源是指社会上全体劳动者所具有的，能够推动经济和社会发展，人的体力、智力和心理素质等总和。它包括数量和质量两部分。人力资源质量包括劳动力的体力、智力和非智力心理素质；人力资源数量包括劳动力的规模、年龄性别构成、劳动力的自然变动和机械变动。

其实，任何一个国家要搞好经济社会发展，都必然致力于搞好人力资源问题。因为，人力资源不仅是经济发展的资源和动力，更是社会发展的目标和目的。当今世界已进入知识经济时代，各国都把人力资源问题作为战略性问题来考虑，如美国实行“聚才”战略、日本推行“核心价值观”战略、新加坡实行“英才”战略等等，制定和实施有关的人力资源政策，实行各种相关的经济政策、社会政策和技术政策，以谋求人力资源的大力开发与合理利用。

搞清“资源”和“人力资源”的含义之后，不难知道人才资源的含义。所谓“人才资源”就是指构成人才、能够从事创造性活动的高质量人力资源。它是人力资源的精华部分或者核心部分，是现代经济和社会发展最重要的资源，是各民族和国家的第一资源。

二、人才资源开发是现代经济和社会发展的客观需要

所谓“开发”，在中文中一般是指通过劳动，利用过去没有被利用的自然资源，如荒地、森林、矿山等，创造财富，如开发矿山资源等。所谓“人才资源开发”，目前理论界还有不同的解说。《中国劳动人事百科全书》对“人才开发”是这样解释的：“指把人的智慧、知识、经验、技能、创造性当做资源加以发掘、培养、发展和利用的一系列活动，是一个复杂的社会系统工程，开发活动的主要环节有人才发现、人才培养、人才使用与人

才调剂。"[1] 从经济学的角度看，人才资源开发是经济发展必须累积的一种投资，其目的是提高人才素质，发展生产能力，从而增强生产水平，提高国民所得。从社会学的角度看，人才资源开发是使个人和集体生活得更为美满的途径，通过采取各种措施，创造有利于经济发展和社会进步的社会结构、价值体系和工作动机。从教育学、心理学的角度看，人才资源开发就是指通过教育培训，提高人的素质，挖掘人才创造潜能的过程。从管理学的角度看，人才资源开发是指通过管理手段，充分挖掘人才的潜力，使其得到最大限度的合理利用。从以上不难看出，人才资源开发就是通过有效的手段培养和增强人才的劳动能力，充分挖掘人才的潜能，合理地运用人才的劳动能力，以提高劳动生产率和促进社会的发展。其核心是培养、提高和充分挖掘人才的创造性劳动能力，以发展经济、推动社会进步和提高人民生活质量。其主要手段就是学校教育、职业培训、政策开发和管理开发等。

不同的时代，经济和社会的发展对资源的种类需求和依赖不一样。在农业经济时代，经济和社会的发展更多依赖于土地；在工业经济时代，经济和社会的发展更多依赖于资金或资本；在知识经济和信息时代，经济和社会的发展更多依赖于知识、技术和信息等，而知识、技术和信息等活动的载体是人才。由此可见，人才资源开发是知识经济与信息时代经济和社会发展的必然结果，也是现代经济和社会发展的客观要求，还是我国少数民族经济和社会实现跨越式发展的必然选择。

---

① 转引自苏延林、王通讯主编《人才资源学导论》，中国人事出版社，1994年版，第18页。

第三节 人力资源开发：民族地区发展的先导问题①

一、民族地区发展先导问题概述

“发展先导问题”也即“优先发展问题”。所谓“优先发展问题”就是指政府推动地区发展的关注点和政府投资的主要方向应首先和重点放在哪一方面的问题。关于民族地区发展先导问题，不论政界还是理论界，目前还是众说纷纭，莫衷一是。笔者将之大体归为以下几类：

（一）经济发展先导说

经济发展先导说者坚信经济基础决定上层建筑，只有优先发展民族地区的经济，才能解决其他一切问题，这种论调流行十分广泛。经济发展先导说者中又主要有以下几种不同意见：一是基础设施建设优先论。持这种观点的人认为东部与西部经济差距大的一个重要因素就是西部民族地区经济建设所需要的基础设施太落后，所以在经济优先发展的时候，最关键的是要国家大力投入，搞好民族地区的基础设施建设。二是自然资源开发优先论。持此观点的人认为民族地区各种自然资源丰富，经济优先发展的最佳途径是以自然资源开发来带动其他方面的发展，如以自然风光旅游来带动当地经济和其他行业的发展。三是市场经济建立和

① 参见曾豪杰著《从人力资源开发角度看民族地区发展先导问题》，载《边疆经济与文化》2007年第12期。

完善优先论。持此观点的人认为民族地区经济发展之所以缓慢，主要是因为民族地区改革开放力度不够。为此，最好首先建立和完善社会主义市场经济体制，用市场经济的办法去解决民族地区诸如思想观念等问题。经济发展先导说的观点十分有道理，提出的思路与对策既具有现实性，又具有可行性，我们不妨“择其善者而从之”。然而，经济发展的实质是人的发展，是人力资本水平的提升和人力资本的加速积累。

（二）政治发展先导说

政治发展先导说主要有两种观点：一是认为“干部是关键”，培养和选拔好民族地区的干部是解决民族地区发展问题的关键所在。二是认为政策优惠是关键，民族地区因历史、地理等各方面的因素，其发展速度不可能与东部发达地区相提并论，必须坚持和完善民族区域自治条例，在此基础上国家和中央政府必须给予政策倾斜、财税等各方面的人力、物力支持。这两种主要的政治发展优先论者的思想也是十分可取的，具有相当的理论和现实意义。

（三）文化发展先导说

这种观点主要流行于文化界，他们认为民族地区民族文化异常丰富，优先将民族文化产业化，使之与现代旅游相合，从而带动民族工艺品加工等相关行业的发展。这种观点也有许多可取之处，其建议对民族地区的发展十分有益。但文化活动的载体是人，文化产业化成败与否还得取决于人。

（四）社会发展先导说

自从中央提出“构建社会主义和谐社会”理论以来，一些学者提出民族地区发展应“实施社会发展优先战略”，认为最先应解决的是社会和谐发展，认为如果不首先解决社会和谐问题，民族地区的发展成果均将容易化为乌有。他们认为首先应当解决影响民族地区和谐的一些主要因素，如宗教渗透问题、反贫困问题、弱势群体问题等。这种观点不是没有道理，并且他们提出的相关策略对民族地区发展都非常有利。

（五）教育发展先导说

教育发展先导说在教育界和理论界比较流行，支持者甚众。他们认为只要把民族地区的教育搞好了，其他诸如经济发展、反贫困问题和民族干部来源等问题都容易解决。教育发展先导说中又可分为几种，有的支持基础教育优先发展，有的支持职业技术教育优先发展，有的支持大力培养少数民族与民族地区的大学生等。教育发展先导说主要强调解决民族地区人的文化素质水平问题。笔者认为教育发展先导说可以归纳到人力资源开发先导说。因为教育只是现代人力资源开发的一个重要手段和途径。

（六）人力资源开发先导说

此观点认为，民族地区要实现跨越式发展最主要是要解决人力资源开发问题。这种观点越来越引起重视。笔者十分赞同此观点，认为此做法才是真正解决民族地区跨越式发展、可持续发展的根本之策。再说，无论是经济发展优先，还是社会发展优先，归根到底是为了民族地区的人们。还有，少数民族不管是要脱贫致富也好，还是全面建设小康社会也罢；不管是构建社会主义和谐社会也好，还是进行社会主义新农村建设也罢，最终都得依靠民族地区的人民，都需要提高少数民族同胞的素质与能力。而人力资源开发优先就是解决这一关键性问题，也即人的问题。

二、人力资源开发对民族地区发展的重要意义

在经济全球化背景下，人才竞争越来越激烈，甚至白热化，

人力资源开发已经愈来愈受到重视。目前，人力资源开发在民族地区也已经开始受到关注。其实，优先开发人力资源对民族地区发展具有极其重要的理论与现实意义。

（一）人力资源开发是民族地区发展生产力和经济的关键因素和重要推动器

现代生产力水平的提高，主要是依靠发展科学技术。无数事实和实践证明：没有高水平的人力资源就不可能有先进的科学技术；没有先进的科学技术就不可能有发达的经济。再说，民族地区经济的发展需要国家的大量资金投入，但这些资金投入要想产生良好的经济效益还得靠民族地区高素质的人力资源。因此，人力资源开发是民族地区发展生产力和经济的关键因素和重要推动器。

（二）人力资源开发有助于民族地区扩大就业

实践证明，人力资源开发有利于发展第三产业，增强第三产业吸纳劳动力的能力。经济理论和经济建设实践表明，第三产业中任何一个待业发展都可以带动许多相关行业的发展，并且容易产生“乘数效应”而创造更多就业岗位。当前民族地区第三产业从业人员比重少，远远低于发展国家70%左右的比重，在全面建设小康社会时期，能使民族地区第三产业在GDP中所占比重达50%左右，就可创造一亿多个就业岗位。然而要扩大第三产业就业，就必须对劳动者进行职业技能培训，也就是说要大力开发民族地区的人力资源。

（三）人力资源开发有利于提高民族地区的竞争力和实现民族地区全面建设小康社会的各项目标

开发民族地区人力资源有利于民族文化产业的发展，有助于民族地区旅游档次的提升，有利于民族地区特色经济和特色行业的发展，有助于民族地区自然资源的开发效益等，从而提升民族地区的经济和文化等方面竞争力的提升。江泽民同志在中国共产党建党80周年讲话中指出："推进人的全面发展，同推进经济、文化的发展和改善人民物质文化生活，是互为前提和基础的。人的全面发展意味着人的需要得到最大限度的满足，人的能力得到最充分的发挥，人在社会生活和自然关系上获得了最大限度的自由。"民族地区实现这些目标，就必须大力开发其人力资源。

三、民族地区发展中人力资源开发的思路与对策建议

民族地区人力资源如何开发，我们既可以借鉴国外的一些先进做法，又可以借鉴东部发达地区的成功经验。总之，人力资源开发方面的有益思路与对策均可借鉴。在此建议以下几点：

（一）总体规划，分步实施

中央政府可以召集全国各界专家为民族地区人力资源开发把脉，制订民族地区人力资源开发的战略，以便为民族地区各类人力资源开发提供一个总纲，提供分类指导意见；民族地区地方政府可以依此结合本地区实际情况灵活变通，采取集中精力分阶段、分步骤的办法逐步实现民族地区人力资源开发战略的各项目标和任务。

（二）坚持"分类指导、因地制宜和因族举措"原则

我国各民族地区情况各异，需要坚持因地制宜原则。我国民族地区大多具有"大杂居、小聚居"特点，各民族之间的文化传统、风俗习惯等方面的差异也较大，因此，需要注意因族举措，而不能搞"一刀切"或"大一统"开发。对于民族地区人力资源，我们既可以按行业分类，也可以按地区分类，还可以将族情相似的民族归类到一起，这样我们可以对之进行分类指导开发。总而言之，在民族地区人力资源开发过程中要注意坚持

“分类指导、因地制宜和因族举措”相结合的原则。

（三）重点把握“解放思想、与时俱进”

笔者在相关文献研究和一些民族地区调查发现，民族地区因种种原因，在思想观念方面还与现代社会主义市场经济不相称。因此，在民族地区人力资源开发过程中要特别注意解放思想、与时俱进。因为有什么样的世界观就会有什么样的方法论。只有解放思想，民族地区才能更好地贯彻执行中央相关方针政策，才能更好地借鉴其他发达地区人力资源开发的经验和教训，才能逐步摆脱“等、靠、要”等旧的思想观念，才能大胆地创新。

（四）坚持国家投入为主、自力更生为辅

民族地区因多方面的原因，贫困还是十分普遍的现象，其自身资金积累能力、经济发展等能力十分有限。对此，我们要实现民族地区跨越式发展，没有国家和中央政府财力、物力等方面的大力支持，民族地区的教育、基础设施建设等方面都难以快速发展。正因如此，目前我们对民族地区人力资源开发主要还是要采取国家大力投入为主的方式较为理想。

（五）抓好“学校教育”这一关键性工作

学校教育是人力资源开发的重要手段和途径，是人才培养的主要阵地。目前，民族地区不论是基础教育，还是中等教育；不论是职业技术教育，还是高等教育，相对而言，其发展都十分缓慢，特别是基础教育，一些民族地区一师一校现象还普遍存在，“普六”、“普九”等问题还未完全解决。因此，我们要十分关注民族地区教育发展，国家有责任大力投入，其他东部发达省份和城市也应当大力援助西部民族地区的教育事业。

第四节　人才战略：人才资源开发的总纲

一、人才战略的基本含义

“战略”一词起源于军事用语，是指战争之中高层次的、大格局的选择，并带有对战争目标与结局长期性的考虑。它是同“战役”、“战术”相对存在的概念，在层次上，“战略”高于“战斗”、“战役”而近似于“战争”。后来，“战略”一词逐渐应用于政治、经济、科技和社会等领域，随着应用领域的扩展，其含义也变得越来越广泛。一般而言，“战略”是泛指重大的、带全局性的、规律性的或决定全局的谋划。总之，战略具有全局性、长期性和层次性。

二、人才战略是人才资源开发的总纲

关于“人力资源开发与管理战略”方面的论述比较多。比较权威的说明是：“人力资源开发与管理战略简称人力资源战略，是对于一个国家或地区人力资源状况及其发展进行总体上的规划和调节。人力资源战略不仅是经济、社会发展总体战略的重要组成部分，而且是制约经济、社会发展的一项极其重要的基础性战略。”①

人才是人力资源的精华部分，人才战略是人力资源战略的一个重要组成部分。但是，目前理论界关于什么是“人才战略”

① 姚裕群主编：《人力资源开发与管理概论》，高等教育出版社，2003年版，第406页。

的专门论述还比较少。相对权威的是北京大学政府管理学院人才与人力资源研究所所长肖鸣政教授所界定的，他认为："人才战略是一个国家、地区、系统、企业关于人才发展的长远的总体的目标与思路。省市的人才战略是关于如何实现经济社会发展总目标中人才发展的总体谋划和目标。它不同于规划的是强调总体谋划、总体目标。它由四个部分构成：战略构想或者愿景、战略目标、战略对策、战略路线。"①

人才战略就是从宏观上规划人才资源开发与管理的方方面面，如愿景、目标、思路、对策等。它如同宪法是一个现代国家的根本大法一样，是实现各国家和民族、各地区和组织人才资源开发的总章程。本书就是根据我国著名的人力资源专家肖鸣政教授的权威说法来为少数民族人才资源开发设计一个尝试性的总纲，并对因族开发战略核心内容进行初步的构想。

① 参见《科学制定人才战略与规划——北京大学政府管理学人才与人力资源研究所所长肖鸣政教授访谈录》，载《中国人才》2005 年 4 月上半月刊。

第三章 因族开发：少数民族人才资源开发的战略选择[1]

第一节 因族开发概念的界定

所谓“因族开发”就是指在少数民族人才资源开发过程中，根据少数民族自身的发展历史、文化传统、风俗习惯、地理环境、经济现状、教育水平等方面的特殊性来选择适合少数民族自身人才资源开发的思路和对策。简单地说，就是根据各少数民族的“族情”来进行人才资源开发。

从广义讲，就是将我国所有少数民族的人才看成一个整体，根据其与汉族不同的发展历史、文化传统、风俗习惯、地理环境、经济现状、教育水平等来进行系统开发。从狭义上讲，就是根据我国每个少数民族自身特殊的“族情”对其人才资源进行特殊开发。

① 参见曾豪杰著《因族开发：少数民族人才资源开发的战略选择》，载《中南民族大学学报》2006 第 6 期。

第二节　因族开发战略的指导思想

每个战略都有其世界观和方法论或者理念、指导思想，因族开发战略也不例外。

一、因族开发战略的总指导思想

总的说来，因族开发战略需要坚持马列主义、毛泽东思想、邓小平理论和“三个代表”重要思想，如：世界的物质统一性，矛盾的普遍性和特殊性规律，经济基础决定上层建筑原理，不平衡发展规律等；坚持科学发展观，因地制宜、分类指导、因族举措原则；等等。

二、因族开发战略的具体指导思想

具体地说来，因族开发战略需要以科学人才观为指导，根据“人才资源是第一资源”的科学判断，坚持党管人才原则，坚持以人为本，紧紧抓住培养、吸引、用好少数民族人才三个环节，大力加强少数民族党政人才、企业经营管理人才、专业技术人才等人才队伍建设，努力把少数民族各种优秀人才集聚到少数民族与民族地区的发展事业中来，为西部大开发和全面建设小康社会提供坚强的人才保证和广泛的智力支持。

总之，从大的方面来说，就是要贯彻落实我国人才强国战略的指导思想；从小的方面来讲，就是在民族地区贯彻人才强国战略时，要坚持因地制宜、因族举措原则。

第三节　因族开发战略的地位和意义

一、因族开发战略的地位

因族开发战略是我国人才强国战略的一个重要组成部分，是中华民族人才战略这个大系统中的一个子系统或子要素。

二、因族开发战略的意义

因族开发战略对少数民族与民族地区人才与人力资源开发与管理来说，意义是多方面的，简单地说来，主要有两个方面：

（一）因族开发战略的理论意义

因族开发战略在理论方面，从民族理论与政策角度看，是对我党马克思主义民族理论与政策的完善；从人才学角度看，是对我国人才强国战略的有益补充，是对人才资源开发理论的丰富。

（二）因族开发战略的实践意义

因族开发战略在实践方面，主要是对整个中华民族的伟大复兴、全面建设小康社会、西部大开发以及少数民族与民族地区经济和社会发展等都具有极其重要的现实意义。笔者个人认为，因族开发战略既能为落实和贯彻党和政府的西部大开发、科教兴国、人才强国等战略提供理论和政策支持，又能为整个西部少数民族人才资源开发与管理提供可借鉴的经验和教训、新思路和新对策；既能为党和国家、民族地区党委和政府决策提供前瞻性、战略性的人才工作思路，又能成为其得力的“思想库”和“智囊团”之一。

第四节　因族开发战略的理论与现实依据

一、因族开发战略既符合世界的物质统一性原理，又符合事物发展的矛盾规律

辩证唯物主义认为，世界是多样的，也是统一的，其统一性在于其物质性，也即客观实在性。这一原理要求我们在任何时候、任何地点和任何条件下从事任何工作，都要按照世界的本来面目去认识世界，坚定不移地从物质世界及其运动规律出发，也就是一切从实际出发，实事求是。简单地说，就是对待具体问题不仅要实事求是，而且应当作具体分析。在我国，少数民族与汉族在文化传统、经济状况、教育水平等各个方面还存在差异，所以在少数民族人才资源开发中也需要具体民族具体分析、具体对待，而不宜搞“一刀切”和“大一统”模式。

辩证唯物主义认为矛盾即对立统一，它具有普遍性和特殊性，是一般与个别、共性与个性、绝对与相对的关系或统一体。我国人才资源开发就是一个大矛盾，它也具有普遍性和特殊性，也是共性与个性的统一体。少数民族人才资源开发具有中华民族人才资源开发中普遍性规律和特点，如：教育和培训是培养人才的重要方式，又具有其自身的特殊性；回族、纳西族等少数民族具有其独特的文化传统和宗教信仰，可以特别地开发其宗教人才资源等。

二、因族开发战略既遵循“经济基础决定上层建筑”原理，又遵循事物发展不平衡规律

马克思主义认为，经济基础决定上层建筑，上层建筑对经济基础有反作用。我国各民族的经济基础在质的方面都是相同的，都是以公有制为主体，多种所有制并存；但在量的方面或多或少存在差异性，如各少数民族地区其公有制与非公有制经济所占当地经济的比例各不一样。人才资源开发就是培养人的活动，在本质上属于上层建筑范畴，是由其经济基础决定的。各民族的经济基础在量的方面的差异性决定了其人才资源开发这种上层建筑自然而然会具有各自的特殊性。广东省人才研究所专家彭劲松就曾指出：“经济是基础，不能脱离经济基础来侈谈人才开发。”[①]正由于少数民族的经济现状的多样性，所以少数民族人才资源开发需要因族举措。

历史唯物主义和辩证唯物主义认为事物的发展往往是不平衡的。其实，发展不平衡是世界经济的基本规律。所谓“不平衡”既是指发展速度上的差距，又指发展水平、经济实力的差距。实际上，我国各地区经济发展也具有这种均衡与非均衡性。我国人才资源的开发何曾又不如此？在我国汉族及东部地区的经济发展和教育水平程度均高，所以其人才资源的开发状况比少数民族和西部地区自然要好得多。要想使少数民族与民族地区人才资源开发赶上其他发达民族和地区，我们除了借鉴其他民族和地区的有益经验教训之外，更重要的是根据少数民族与民族地区自身的特殊性来选择其开发模式。

---

① 彭劲松：《经济欠发达地区实施人才战略应避免的几个误区》，载《中国人才》2005 年 4 月上半月刊。

三、因族开发战略既是由我国的国情决定的，又是由少数民族"族情"决定的

众所周知，我国是一个统一的多民族国家，从总体上看是一"地大物博"的国家。在经济等方面自然地存在着东部、中部、西部三个梯度结构。因此，我国搞经济建设也好，搞人才资源开发也罢，不宜搞"大一统"和"一刀切"模式，需要因地制宜。因族开发战略其实就是在少数民族人才资源开发领域贯彻因地制宜方针的表现。

大家也知道，在我国，各少数民族与民族地区的传统文化、现代教育、风俗习惯、宗教信仰等方面存在多样性和差异性，同一民族在不同地区、同一民族内部支系之间等的发展也具有不平衡性，这些"族情"决定了少数民族人才资源开发需要坚持因地制宜、因族举措和分类指导，需要实施因族开发战略。

四、因族开发战略既是在少数民族中贯彻落实我国人才强国战略的需要，又是我国现有少数民族人才资源开发模式的完善与发展的需要

"新世纪新阶段人才工作的根本任务是实施人才强国战略。"① 由于我国幅员辽阔，这一根本任务的实现需要因地制宜。我国少数民族地区的情况与其他非少数民族地区的情况在许多方面还存在差别，我国各少数民族之间的历史传统、文化特点、经济现状等各方面也还存在差异。因此，要想在少数民族与少数民

① 《中共中央国务院关于进一步加强人才工作的决定》，载《人民日报》2004年1月1日第1版。

族地区有效地贯彻落实我国人才强国战略，就需要从实际情况出发，坚持因地制宜和因族制宜。

自新中国成立以来，我国在人才资源开发方面总体上还是采取统一专业、统一课程、统一标准和规格等来培养各族各类人才。这一模式在我国人才资源开发历史上作出了不可磨灭的贡献。但是，从民族和文化角度来看，这种“大一统”培养模式其实就是在培养“汉化”人才，这与欧美发达国家培养中国留学生其实就是在培养“西化”人才有点相似。这一模式最大的缺陷就是忽视了按少数民族自身的“族情”来培养“本族化”、“本土化”人才。然而，因族开发战略可以弥补这一缺陷。由此可见，因族开发战略是对我国现有的少数民族人才开发模式的完善和发展。

五、因族开发战略既是“分类指导”政策在少数民族人才资源开发领域的运用和要求，又是响应胡锦涛总书记提出的“因族举措”原则号召的体现和要求

以云南为例，“云南各民族由于历史、地理、经济、社会、文化的差异，发展极不平衡。云南省民族工作部门在实践中总结出来的分类指导，因地、因族制宜的工作方法非常符合云南民族地区的实际。这个工作方法经过不断深化，对大类划分政策难以具体涉及的部分民族和地区，又细化为采取‘一族一策、一山一策、一族几策’的特殊政策措施，这就更增强了工作的针对性和可操作性”[①]。“分类指导”原则和政策是做好民族工作的

① 格桑顿珠、纳麒主编：《云南民族地区发展报告2003—2004》，云南大学出版社，2004年版，第68页。

重要方法，也是解决民族地区的经济社会发展问题行之有效的对策。由此可见，在少数民族人才资源开发领域采用因族开发战略就是“分类指导”的运用和要求。

2005 年 5 月 27 日，胡锦涛同志《在中央民族工作会议暨国务院第四次全国民族团结进步表彰大会上的讲话》中指出，对于新形势下做好民族工作要“坚持因地制宜、因族举措、分类指导，制定并实施符合少数民族和民族地区实际的政策措施”[①]。由此可见，因族开发战略其实就是胡锦涛提出的“因族举措”指导原则在少数民族与民族地区人才资源开发中的体现和要求。

六、因族开发战略既是我国少数民族发展其特色经济和特色产业的需要，又是保护和发展我国民族文化多样性和少数民族特有传统文化的需要

“特色经济战略是西部大开发战略的战略。通过发展特色经济，培育新的产业增长点，是西部多民族地区在付出近乎涸泽而渔的单一资源开发代价之后，对传统工业化反省和调整的必然结果。”[②]我国少数民族地区几十年来的经济建设实践也表明：因地制宜，发展具有市场竞争力的民族特色经济和特色产业是少数民族脱贫致富奔小康、缩小差距谋发展的最佳良策。这种特色经济和特色产业的发展为少数民族特色人才资源的开发带来了机遇和动力。我国目前“大一统”的教育模式还难以满足少数民族

① 胡锦涛：《在中央民族工作会议暨国务院第四次全国民族团结进步表彰大会上的讲话》，载《人民日报》2005 年 5 月 28 日第 1 版。

② 张海翔著：《新型工业化道路：生态、民族与人文视点》，人民出版社，2005 年版，第 137 页。

特色人才培养需求。正因如此，因族开发战略是适应我国少数民族地区发展特色经济和特色产业需要的。

保持少数民族文化多样性需要培养少数民族自己的民族文化人才。众所周知，文化多样性是人类最宝贵的财富。江泽民同志就曾指出："多样性是世界存在的本质特征。"① 胡锦涛同志也指出："我们应该维护和尊重世界的多样性。世界各国人民在漫长的历史进程中创造了各自独特的文化、传统、信仰和价值观。多样性是世界文明的基本特征。多样性意味着差异，差异需要交流，交流促进发展。各种文明在交流中相互学习和借鉴，不断丰富和发展，将使我们的世界更加绚丽多彩，更加充满生机和活力。"② 所以，为了保护我国民族文化的多样性，为了更好地与其他民族交流以及为了我国少数民族自身民族文化的继承和发展，我们有必要培养少数民族自己的民族文化人才。

继承和保护少数民族特有传统文化需要我们开发少数民族文化产业人才资源。民族文化是与其特色走向世界的，因为独具特色的民族文化是世界文化宝库中不可替代的组成部分。但是，自改革开放以来，我国少数民族在经济全球化、现代化、工业化、城镇化和市场经济的猛烈冲击下，少数民族文化有的出现了加速流失的危机，如云南纳西族的东巴文化、哈尼族的梯田文化等；有的几乎濒临失传并严重缺乏本民族文化传人，如云南基诺族、独龙族的传统民间文化等；有的汉化程度越来越多越来越快，如一些地方的白族、壮族文化等。由于民族文化的载体是民族，而

① 中共中央文献研究室编：《江泽民论有中国特色社会主义》（专题选编），中共文献出版社，2002年8月第1版，第526页。

② 胡锦涛：《世界睦邻友好　共同发展繁荣——在莫斯科国际关系学院的演讲》，载《人民日报》2003年5月29日第1版。

民族是由民众构成的，所以，提高少数民族民众的文化素质和培养少数民族文化产业人才，有利于更好地继承、保护和发展我国少数民族特有传统文化，也有利于我国少数民族民族文化传媒产业、工艺文化产业、歌舞乐文化产业、民族节日文化产业、服饰文化产业、建筑文化产业、医药文化产业、文化旅游业等九大类民族文化产业的发展。由此可见，实施因族开发战略是保护和发展我国各民族文化多样性和少数民族特有传统文化的需要。

综上所述，因族开发就是指从少数民族的实际“族情”出发来选择适合其人才资源开发的思路和对策等。因族开发战略也是我国少数民族关于其人才开发长远的总体的目标与思路。它是为了我国人才强国战略在少数民族人才资源开发中得到更有效的贯彻落实，是我国少数民族人才资源开发的客观需要和战略选择。

第四章　少数民族人才资源因族开发战略核心内容构想

我国著名的人力资源开发与管理研究专家肖鸣政教授指出，人才战略“由四个部分构成：战略构想或者愿景、战略目标、战略对策、战略路线”①。笔者依此对因族开发战略核心内容作如下构想（见图2）。

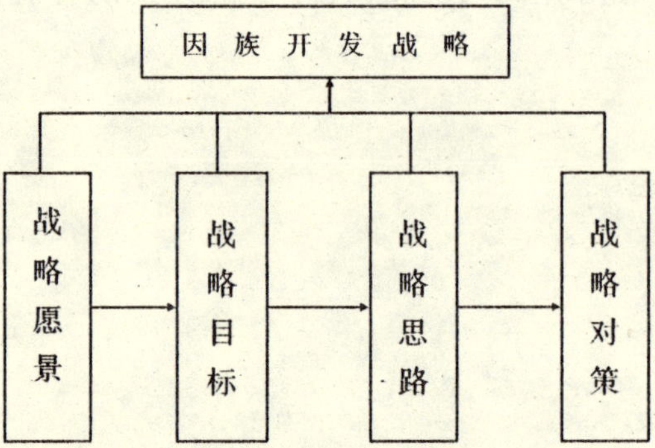

图2　因族开发战略核心内容构想图

① 参见《科学制定人才战略与规划——北京大学政府管理学院人才与人力资源研究所所长肖鸣政教授访谈录》，载《中国人才》2005年4月上半月刊。

第一节　因族开发的战略愿景

"'愿景'一词，最早由美国著名的管理学家和组织行为专家彼得·圣吉在其著名的《第五项修炼》中提出的。"① 当前，越来越多的社会组织开始着手建立组织的愿景规划。毕竟，愿景是组织谋求可持续成长与发展的理念依据之一。组织的愿景规划一般包括两个组成部分：一是组织在未来的几十年要实现的远大目标，二是对组织在实现这些目标后将会是什么样子的生动描述。

任何一个战略都有其愿景，因族开发战略也是如此。笔者假设认为，因族开发战略愿景就是为少数民族人才资源开发找到一条合适的途径和方法，将少数民族人力资源的优势尽力发挥出来。具体地说，为少数民族培养一代又一代数以百万计的高素质劳动者，数以十万计的专门人才和一大批拔尖创新人才，建设规模宏大、结构合理、素质较高的少数民族人才队伍，开创民族地区人才辈出、人尽其才的新局面，把我国少数民族的人口压力转变为人力资本优势，大大提升少数民族的核心竞争力和可持续发展能力，为完成西部大开发、全面建设小康社会和中华民族的伟大复兴的历史任务提供坚强的人才保证和广泛的智力支持。

第二节　因族开发的战略目标

在我国，对于少数民族人才资源开发所要做的工作还很多，

① 彭剑锋主编：《人力资源管理概论》，复旦大学出版社，2003 年版，第 63 页。

如法制建设方面、人才选拔和任用机制、激励机制、监督机制等，这样少数民族人才资源开发要实现的任务也很多，目标自然而然也较多。

“实施人才强国战略，必须……大力加强以党政人才、企业经营管理人才和专业技术人才为主体的人才队伍建设，努力把各类优秀人才集聚到党和国家各项事业中来，为全面建设小康社会提供坚强的人才保证和广泛的智力支持。”① 根据我国人才强国战略的要求，笔者认为，当前因族开发的战略目标具体应如下：

（1）在我国人才强国战略的统一部署和指导下，既要搞好现有的少数民族党政、科技、宗教等人才资源开发与管理工作，又要抓好潜在的少数民族各种人才资源开发与管理工作。

（2）在少数民族人才资源开发过程中，既坚持和完善现有“大一统”的少数民族人才资源开发形式和模式，又要贯彻落实因地制宜、因族举措和分类指导原则。

第三节　因族开发的战略思路

一、因族开发总体思路

因族开发战略的思路对于各少数民族而言，总体来说就是少数民族应该根据其自身的经济和社会实际情况来因地制宜、因族举措、分类指导地开发其人才资源，也即：

（1）坚持“系统论”规律，将我国所有少数民族的人才看

① 《中共中央国务院关于进一步加强人才工作的决定》，载《人民日报》2004年1月1日第1版。

成一个大系统，如将少数民族人才或少数民族女性人才看成一个大系统，进行系统整体开发。

（2）坚持“要素论”规律，将我国所有少数民族中的某一类人才，如党政人才、经营管理人才、专业技术人才等，看成一个子系统，进行系统整体开发。

（3）坚持“因族举措”原则，根据每个少数民族自身特殊的“族情”，不同的少数民族，实行不同的开发策略。

（4）坚持“分类指导”原则，将不同地区但“族情”相似，或者说处于同一“梯度结构”的少数民族归类到一起，进行局部开发。

（5）坚持“因地制宜”原则，根据地方特色，不同地区的少数民族（包括属于同一民族但处于不同地区的少数民族）实行不同的开发对策。

二、因族开发具体思路

因族开发战略思路对于同一个少数民族而言，具体如下：

（一）坚持传统开发与现代开发相结合

所谓“传统开发”就是指在少数民族人才资源开发过程中，继承少数民族原有的培养人才的方式。所谓“现代开发”就是指在少数民族人才资源开发过程中，大胆借鉴和引进其他民族先进的人才资源开发方式。以回族为例，回族孩子一般从小就要接受伊斯兰教宗教教育。这种寺院教育培养了不少回族人才，在回族人才资源开发中作出重大贡献。随着社会经济的发展，回族也开始大力兴办学校，接受现代学校教育，并且这种现代学校教育逐渐成为回族培养现代化人才的主要方式。再以云南傣族、布朗族为例，傣族、布朗族群众男性青年一般必须出家当和尚一段时期，通常在6~18岁这段时期，傣族、布朗族男性青年在当和尚时期接受寺庙教育。显然，寺庙教育在傣族人才资源开发中是一种传统方式，而新中国成立后傣族、布朗族在党和政府的关怀和帮助下也开始接受现代学校教育。由此可见，在回族、傣族、布朗族等民族人才资源开发过程中，传统开发与现代开发是并存的。基于这种现实，我们在少数民族人才资源开发过程中，既需要继承传统开发方式，又需要借鉴和引进现代开发方式。

（二）坚持自我开发与组织开发相结合

所谓“自我开发”就是指在少数民族人才资源开发过程中，鼓励和引导个人自学成才，倡导和引导搞好家庭教育。所谓“组织开发”一是指民族地区政府、学校、公司企业等社会组织根据需要而系统地大规模地搞好组织内人才资源的开发，二是鼓励非民族地区的社会组织积极支持和帮助少数民族人才资源开发。当前，各少数民族中都有不少立志成才的人，他们大多是家庭教育搞得好和较有经济实力的家庭或家族，如云南丽江纳西族的木氏家族、和氏家族等。而现代人才资源开发更多依赖于政府、学校、企事业单位等社会组织。所以，我们在提倡少数民族同胞进行自我开发的同时，更要重视组织开发方式。

（三）坚持梯次开发与跨越开发相结合

所谓“梯次开发”就是指在少数民族人才资源开发过程中，针对民族地区社会经济、文化教育等实际发展水平中存在低、中、高梯度现状，如其总体处于低梯度时期，就采用低梯度阶段人才资源开发方式，如其大体处于高梯度时期，就采用高梯度阶段人才资源开发方式。所谓“跨越开发”就是指在少数民族人才资源开发过程中，采用高梯度阶段人才资源开发方式来帮助总体处于低梯度阶段的民族实现人才资源的跨梯度开发。以云南德宏州的德昂族为例，德昂族目前文盲率高达62%，是云南各少数民族中文盲率最高的一个民族，基于如此现状，我们最好先在德昂族地区解决“普六”问题，然后解决“普九”问题，再去大力兴办高中教育，最后再去考虑高等教育。依此做法就是梯次开发。但基于现代德昂族地区经济和社会的发展也需要大量的高层次人才，我们可以从德昂族中选拔一批优秀的人去重点培养，从而实现其跨越开发和发展。再以西双版纳景洪市的基诺山基诺族乡为例，基诺族在解放前夕还处于原始社会状态，在党和政府的领导下，基诺族直接跨进了社会主义。自从改革开放以来，特别是1989年江泽民同志视察基诺族乡作出“一定要使基诺兄弟尽快富裕起来”的指示后，基诺族的农业、教育、卫生、广播电视、旅游等发展十分迅速。对于这样的少数民族，其人才资源开发可以实行跨越开发。

（四）坚持系统整体开发与要素局部开发相结合

所谓“系统整体开发”就是指在少数民族人才资源开发过程中，将一个少数民族的所有的人才资源作为一个系统，进行整体开发。所谓“要素局部开发”就是指将一个少数民族中的人才划分成几类，如划分为党政人才、宗教人才、文化产业人才、旅游人才等，当做一个要素，再根据这些类型人才的特点进行局部归类开发。以云南境内的独龙江乡独龙族为例。由于独龙族人口较少，我们可以对其整个民族的人才资源开发作一个系统来进行调查分析，再进行整体开发。我们也可以将其人才进行分类，将其党政人才和目前急需的音乐人才、艺术创作人才、表演人才和医疗人才等进行归类开发。

（五）坚持培养盘活开发为主与引进使用开发为辅相结合

所谓“培养盘活开发为主”就是指在少数民族人才资源开

发过程中，主要靠少数民族自己培养人才和以盘活现有的人才资源为主要方式。引进人才是一个民族开发人才资源的方式之一，可以促进人才资源的跨越开发，但其成本比较高昂，并且效果不一定好。从近几年云南少数民族地区引进人才的实践来看，情况不是很理想，有的钱花了，人才还没引进来或者引进来了结果不久又跑了，有的虽来了但因种种原因并没有发挥其应有的作用。基于这种现实，在少数民族人才资源开发过程中，目前主要还是采取盘活开发为主、引进开发为辅的方式较为理想。以云南红河哈尼族为例，就可以培养哈尼族自己的农业、林业、畜牧业、渔业、教育业、旅游业等业的初、中级人才，对于哈尼族地区急需的烟草、医药、冶金等方面的“高精尖”人才，可以在国家的支持和帮助下适当地引进。

（六）坚持市场竞争开发为主与计划保护开发为辅相结合

所谓“市场竞争开发”就是指在少数民族人才资源开发过程中，将其某类数量比较多的人才用市场的手段进行培养和开发，让其人才价值在市场竞争中得到体现。所谓“计划保护开发”就是指在少数民族人才资源开发过程中，对于其本民族缺乏的某类人才，党和政府需要有计划地对其采取各种各样优惠政策和措施来支持和帮助其培养和开发。以云南大理白族为例，白族地区的初级、中级党政人才、教育人才、旅游人才、农业人才等比较多，对于这类人才，政府可以将他们推向市场，鼓励他们与其他民族和其他地区的同类人才进行竞争，使他们的价值在市场和竞争中得到很好的实现；对于其比较缺乏的高级党政、旅游、文化产业、经营管理、专业技术等方面的人才，政府应有计划地进行保持性培养和开发。

第四节　因族开发的战略对策

贯彻实施因族开发战略的对策很多，可以从多方面下手：

（1）采用法律手段。如，健全少数民族人事法律法规和管理条例等。

（2）采用行政手段。如，制订少数民族人才资源开发规划，加强少数民族地区人事组织部门的服务管理，制订优惠的少数民族人才培育政策等。

（3）采用经济手段。如，加大对少数民族人才资源开发的资金投入，实行更优惠的少数民族人才开发财政和税收等。

（4）采用现代教育手段。如，更新民族教育观念，改善少数民族地区教育环境，改进少数民族地区学校的教育教学和管理方法等。

（5）采用现代人力资源开发与管理专业手段。如，根据人才规律，建立健全更有利于少数民族同胞成才的激励机制、约束机制、竞争机制等。总之，我国人才强国战略所实施的对策均可采用。

但是，目前我国少数民族地区正在进行经济结构调整，客观上需要对其人才结构进行调整。因此，为了论证和探讨因族开发战略在少数民族人才资源开发中具有其必要性和可行性，笔者只选择以下六个方面的措施作为切入点，也即：

对策一：以加强党的执政能力建设为契机，重点开发少数民族党政人才资源。

对策二：以培育新的经济增长点为突破口，努力开发少数民族科技人才资源。

对策三：以发展民族地区特色产业为引擎，重视少数民族特色人才资源开发。

对策四：以构建社会主义和谐社会为大局，特别开发少数民族宗教人才资源。

对策五：以优先发展少数民族教育为基础，关爱少数民族女性人才资源开发。

对策六：以举办民族节日庆典活动为良机，扶持少数民族草根人才资源开发。

以上六大措施的具体详细内容见第五章相关论述，其总示意图如下：

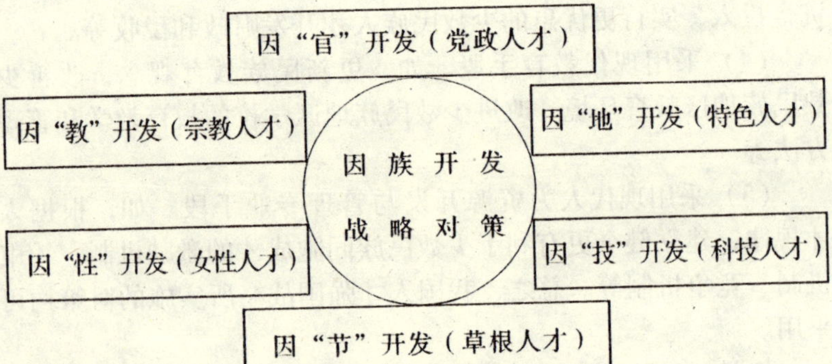

图3 因族开发战略对策总示意图

第五章　少数民族人才资源因族开发战略对策

第一节　以加强党的执政能力建设为契机，重点开发少数民族党政人才资源[①]

新中国成立以来，我们党和国家一直高度重视并且一向偏重于少数民族党政人才培养，由于少数民族党政人才是少数民族的精英，是各项战略与政策贯彻落实的关键，所以要重点培养。对策一就是以加强党的执政能力建设为视点，试探讨“坚持‘系统论’规律，将我国所有少数民族中的某一类人才，如党政人才、经营管理人才、专业技术人才等，看成一个子系统，进行系统整体开发”思路的可行性。

“党政人才开发是我国做好人力资源开发的关键环节。党政人才构成中国人力资源重要的组成部分，本身承担着开发主体和开发客体的双重属性，对于中国政府人力资源开发起着至关重要的作用。”[②]可见，人才强党是人才强国的根本保证，是党建历史

① 曾豪杰：《浅谈少数民族党政人才资源开发》，载《中国水运》2007年第10期。

② 肖鸣政主编：《中国政府人力资源开发概论》，北京大学出版社，2004年版，第209页。

经验的科学总结，也是加强党的执政能力建设的现实需要。

所谓“少数民族党政人才”就是指在党组织和政府系统从事管理和服务的少数民族人才。少数民族党政人才资源是我们党和国家人才资源的一个重要组成部分和宝贵资源，也是少数民族地区进行全面建设小康社会极其重要的资源和力量。在我国发展的重要战略机遇时期，研究和开发少数民族党政人才资源对加强民族地区党的执政能力建设，巩固和发展社会主义民族关系，促进西部大开发和少数民族经济和社会进步，构建民族地区社会主义和谐社会，以及正确地解决新时期的民族问题等都具有重要的理论和现实意义。

一、少数民族党政人才资源开发的现状及存在的主要问题

（一）少数民族党政人才开发成就与现状

1. 少数民族党政人才总量规模不断扩大

我国少数民族党政人才资源总量由1978年的83.4万人增加到2005年的近300万人，占全国党政人才总数比例也由1978年的4.76%上升到2005年的6.9%，增长1.14%。再以云南为例，到2003年底，全省少数民族党政人才已有27.5万人，占云南省党政人才总数的27.2%。①

2. 少数民族党政人才整体素质不断提高

（1）政治觉悟明显提高。至2005年底，全国少数民族党政人才资源中，中共党员所占比例已达到37.7%。

（2）专业技术素质明显加强。截至2005年，在全国近300万名少数民族党政人才中，直接或间接从事专业技术工作的已从

① 《云南经济年鉴2004》，云南民族出版社，2004年版，第47页。

1979年的23.8万人发展到180多万人，占少数民族党政人才的67.2%，其中高级占14.2%，中级占23.4%，初级占62.4%。

3. 少数民族党政人才资源的结构不断改善

（1）年龄趋于年轻化。就全国少数民族党政人才资源总体来看，40岁以下占40%以上，45岁以下占80.2%。

（2）党员与非党员比例改善。目前，在少数民族党政人才资源中，党员已占37.7%，非党员占62.3%。

（3）男女性别比例改善。当前，在少数民族党政人才资源中，妇女已达到26.6%。

（4）文化程度结构改善。至今，高中级以上文化程度的少数民族党政人才占其总量的75%。在云南，到2003年底，少数民族党政人才队伍中具有大专以上文化程度的增加到8.75万人，占云南党政人才队伍总数的32.7%，比1998年增长了8.4个百分点。①

（5）行业布局更趋合理。现在，少数民族党政人才资源已由过去集中于党务和行政发展到经济、科技、教育、文化、卫生等各个方面，在企事业单位从事各种专业技术工作的已达170多人，占总数的66.2%。近几年，从事经营管理的专业人才数量也有所增长。

（6）级别结构也不断改善。据最新统计，全国党政群机关县处级以上党政人才中，少数民族有3.3万人，占同类总数的7.47%，其中省部级占11.96%，地厅级占8.07%，县处级占7.39%；5个自治区县处级以上党政人才中，少数民族占32.5%，其中省级占47.5%，地区级占35.9%，县处级占32.1%。在云南，到2003年底，在省、地、县三级党政领导班

① 《云南经济年鉴2004》，云南民族出版社，2004年版，第47页。

子，少数民族党政人才比例分别达到25.9%、40.2%和38.9%。

4. 少数民族党政人才的贡献和作用不断增大

现在，全国5个自治区，30个自治州，120个自治县（旗）的县（旗）长都已由实行自治的民族的公民担任；自治地方各级人大常委会的主要领导也由实行区域自治的民族的公民担任。55个少数民族都有自己的代表参加全国人民代表大会、全国政协委员会以及中共中央委员会。如第七、第八、第九、第十届全国人民代表大会少数民族代表分别为445名、439名、428名和415名，占全国代表总数的比例分别是14.94%、14.75%、14.36%和13.91%，高于少数民族人口占全国总人口的比例。第九、第十届全国政协委员分别为2 195人和2 151人，其中少数民族分别为275人和262人，占委员总数的11.7%和11.6%。全国少数民族共产党员已达270多万人，中国共产党第十五届中央委员会里，少数民族委员和候补委员38人，占总数的11.5%。十六届中央委员会里，少数民族委员与候补委员35人。由此可见，少数民族党政人才参与了党中央的高层决策工作，一大批德才兼备的优秀少数民族人才被选拔到各级领导岗位上来，承担了更大的责任，发挥了更大的作用。

5. 少数民族党政人才后备资源不断充实

我们党和国家一直把少数民族后备党政人才的培养教育纳入后备人才队伍建设的总体规划，规定了一定的比例，做好了调整充实工作，后备党政人才中少数民族比例逐年提高。目前，全国县级以上的少数民族党政后备人才已达2万多人，占全国后备党政人才的11.3%，大批熟悉党务、政务和经济工作的少数民族党政人才进入了后备党政人才队伍。

（二）少数民族党政人才资源开发中存在的主要问题

少数民族党政人才除了身心健康需进一步加强，知识结构、年龄结构、性别比例、行业布局等需进一步优化调整外，还主要存在以下几个方面的问题。

1. 少数民族党政人才资源开发在观念方面需与时俱进

目前，有相当一部分少数民族党政人才缺乏诸如“以人为本”、“可持续发展”、“科学发展观”、“终身学习”、“终身教育”、“及时充电”、“自我开发”、“人才资源是第一资源”、“立党为公、执政为民”等先进思想和理念。

2. 少数民族党政人才资源开发在内容方面需调整优化

当前，少数民族党政人才中也同样存在两个突出问题：一个是不适应新形势、新任务需要的问题，这一问题主要体现在一些少数民族党政人才思想理论水平不高，依法执政能力不强，解决复杂矛盾本领不大，以及一些少数民族党政人才不能发挥先锋模范作用；另一个是不符合“三个代表”重要思想、全面建设小康社会和构建民族地区社会主义和谐社会的要求的问题，这一问题集中表现为一些少数民族党政人才事业心和责任感不强，思想作风不端正，工作作风不扎实，脱离群众甚至腐败等。这两个突出问题的解决需要从培养教育内容入手。

3. 少数民族党政人才资源开发在形式方面急需改进

在少数民族党政人才培训和教育过程中，有不少少数民族党政人才对培训、教育方式不感兴趣，或走过场，或蒙混过关，或干脆请人代培。还有，一些理论学习、干部进修等活动中形式主义比较严重。因此，我们需要改变过去“一支笔、一张嘴”的满堂灌式的培训、教育方式。

二、重点开发少数民族党政人才资源的必要性与紧迫性

（一）重点开发少数民族党政人才资源的必要性

重视开发少数民族党政人才资源是马克思主义的一贯主张，也是我们党和国家的一贯政策。邓小平同志在总结新中国成立以来中国解决国内民族问题和培养使用少数民族干部经验的基础上强调："干部问题具有极端重要性，少数民族地区工作能不能搞好，关键是干部问题。"①胡锦涛同志指出："少数民族干部，是党和政府联系少数民族群众的重要桥梁和纽带，是做好民族工作的重要骨干力量。做好培养、选拔、使用少数民族干部的工作，建设一支政治坚定、业务精通、善于领导改革开放和社会主义现代化建设、深受各族群众拥护的高素质的少数民族干部队伍，对于加快少数民族和民族地区经济社会发展、推进我国民族团结进步事业、维护祖国统一和社会稳定，具有决定性意义。"②

因为：

第一，"少数民族干部是党联系少数民族群众的纽带和桥梁，只有大力培养和使用少数民族干部，才能使党的路线、方针、政策在少数民族地区得到正确的贯彻落实。"③

第二，"少数民族干部是加强民族团结、维护祖国统一、保证社会主义建设事业顺利发展的关键，只有大力培养和使用少数民族干部，才能加强民族团结，巩固祖国统一，使社会主义建设

① 中共中央文献研究室编：《邓小平思想年谱》，中央文献出版社，1998年版，第199页。

② 陈国新等编著：《邓小平社会主义民族理论政策的理论与实践》，云南大学出版社，2004年版，第188页。

③ 同注②。

事业顺利发展。”①

第三，“大力培养和使用少数民族干部是解决民族问题的关键，只有大力培养和使用少数民族干部，少数民族和民族地区才能在改革开放和社会主义市场经济环境中，在西部大开发过程中，抓住机遇，加速经济文化发展和社会进步，逐步实现各民族的共同发展和共同繁荣。”②

因此，“在少数民族地区，党必须用最大的努力培养本民族的干部”③。

（二）重点开发少数民族党政人才资源的紧迫性

1. 脱贫致富：重点开发少数民族党政人才资源的首要原因

由于自然条件、历史、经济、教育、宗教等各个方面的原因，我国少数民族和民族地区经济、社会发展相对缓慢。以云南为例，全省至今还有 73 个贫困县，是全国扶贫开发工作的主战场之一。到 2002 年底，初步解决温饱但还不稳定的农村低收入人口仍有 478 万，7 个人口不足 10 万的少数民族，总人口的一半以上还处于绝对贫困状态。因此，脱贫致富成了少数民族压倒一切的目标和任务，也成了少数民族党政人才参政议政的首要任务。少数民族和民族地区脱贫致富靠传统的送钱给物方式已不行了，需要开发式的方式，更需要智力扶贫方式，而少数民族党政领导干部人才是少数民族的“精英”，是民族地区经济建设的“领头雁”，所以我们需要重点开发少数民族党政人才资源。

---

① 陈国新等编著：《邓小平社会主义民族理论政策的理论与实践》，云南大学出版社，2004 年版，第 190 页。

② 同注①，第 190～191 页。

③ 《邓小平文选》（第二卷），人民出版社，1991 年，第 251 页。

2. 缩小差距：重点开发少数民族党政人才资源的必然要求

西部民族地区土地面积528万平方公里，占全国总面积的55%，到2000年底，西部民族地区人口3.5683亿人，占全国人口总数的27.55%。然而民族地区GDP在2001年占全国的比重仅为17.1%，最终消费占全国支出的比重仅为20%。与东部相比，2001年，进出口值为东部的1/24.2，外商投资企业累计数为东部的1/10.3，外商企业总投资累计额为东部的1/14.4，综合知识发展程度、人均专利授权数和获取知识能力分别仅相当于东部的35%、30%和14%。“目前，由于地理条件限制、发展基础薄弱、市场开发条件差、自身发展能力弱等原因，民族地区经济社会发展仍然面临着一些突出的困难和问题，同沿海发达地区相比存在着相当大的差距。2004年，民族自治地方人均生产总值只有全国平均数的67.4%，农民人均纯收入只有全国平均数的71.4%。”[①]差异之大，令人触目惊心。还有，目前，西部地区每万名劳动者拥有中专及其以上学历或初级及其以上职称的人员仅92人，还不到东部地区的1%；高、中级专业技术人才严重短缺，西部省区的高级专业技术人员仅占全国高级专业技术人员总数的9.79%。人才问题已成为制约西部开发的重要因素之一，要缩小经济等方面的差距，最重要的是首先缩小在教育、人才方面的差距。由于少数民族党政人才是西部大开发的最直接的管理者，是民族地区经济建设的“火车头”，是我国人才强国战略在民族地区贯彻落实的直接组织者。因此，我们务必重点开发少数民族党政人才资源。

① 胡锦涛：《在中央民族工作会议暨国务院第四次全国民族团结进步表彰大会上的讲话》，载《人民日报》2005年5月28日第1版。

3. 种种机遇：重点开发少数民族党政人才资源的契机

西部大开发对民族地区来说是千载难逢的发展机遇。中央的重点投入、政府政策的倾斜、全国人民的支持、东部兄弟省份的援助等，既需要又有利于重点开发少数民族党政人才资源。

加入 WTO，标志着我国正式融入经济全球化进程之中，意味着中国将从有限范围和领域的开放，步入全方位、多层次、宽领域的开放。对西部少数民族与民族地区来说既是机遇，也是挑战。要想把握这种机遇，迎接这种挑战，没有成千上万的高层次高素质的党政人才、科技专业人才和经营管理人才是不行的。

中国—东盟自由贸易区建设，西部“富民兴边行动”，民族地区旅游资源开发，联合国参与西部人才资源开发项目等，都需要靠少数民族党政人才的参与，需要我们培养大量高素质的少数民族党政人才。其他各种机遇，以云南为例，诸如民族文化强省建设，绿色经济强省建设，中国云南连接东南亚、南亚的国际大通道建设，澜沧江—湄公河次区域发展中国家经济合作项目，泛珠三角区域合作，世界自然遗产如“三江并流”、“丽江古城”等的保护、开发等，都十分需要重点开发少数民族党政人才资源。

4. 复杂形势：重点开发少数民族党政人才资源的严峻挑战

由于少数民族和民族地区特定的政治、经济、文化、地域、自然环境状况等，少数民族与民族地区在改革开放中发展相对落后，加之国际反华势力的支持，西部不少民族地区成了境内外敌对势力相勾结并利用民族或宗教问题等进行破坏的泛灾区或重灾区，如梵蒂冈教廷在云南“封圣”，法轮功等邪教在西部民族地区的泛滥，“基地组织”培训的恐怖分子在新疆作恶多端，“金三角”毒品毒源在西南民族地区的扩散，其他一些国际社会丑恶现象在西部民族地区的蔓延，等等，诸如此类，对重点开发少数民族党政人才提出了新要求，也是严峻的挑战。

随着冷战结束后国际形势的变化，民族因素和宗教因素在国际政治中的影响明显上升，各种民族主义思潮和活动趋于活跃，引发了一些国家和地区的冲突和内乱。民族分裂势力、宗教极端势力、暴力恐怖势力在我国周边一些地区仍然相当活跃，它们通过各种手段对我国进行渗透、破坏活动。在这样错综复杂的形势下，我们必须坚定不移地贯彻执行党的民族宗教政策，切实做好民族宗教工作，重点开发好少数民族党政人才资源，不断巩固和发展全国各族人民的大团结，为全面建设小康社会、实现中华民族的伟大复兴提供重要保证。

总之，脱贫致富，缩小差距，把握发展机遇，应对复杂形势，都迫切需要我们重点开发少数民族党政人才资源。

三、以加强党的执政能力建设为契机，重点开发少数民族党政人才资源

毛泽东同志强调："政治路线确定之后，干部就是决定的因素。"[①]江泽民同志指出："西部大开发，人才是关键。"如何解决这一关键问题，一言以蔽之，以加强党的执政能力建设为契机，重点开发少数民族党政干部。

（一）强化"以人为本"的科学发展观，树立少数民族党政人才资源开发的新观念和新思想

十六届四中全会《中共中央关于加强党的执政能力建设的决定》中谈到加强党的执政能力建设的主要任务时强调："坚持以人为本、全面协调可持续的科学发展观，……促进社会全面进

① 《毛泽东选集》第二卷，人民出版社，1991年版，第526页。

步和人的全面发展。"[①] 这一会议精神落实到少数民族党政人才资源开发工作中的具体要求如下：

首先，少数民族党政人才资源开发部门需树立"尊重劳动，尊重知识，尊重人才，尊重创造"的思想；在培训教育少数民族党政人才过程中要使之树立"人是目的——立党为公，执政为民"，"人是关键——人力资源是最宝贵资源，人才资源是第一资源"，"人是主体——人民当家作主"等新的思想和新的执政理念。总之，要树立"以人为本"的思想。

其次，要树立"全面协调"的思想。在少数民族党政人才开发过程中，组织人事部门尽量因材施教，尽量使少数民族党政人才的知识结构、能力结构等能更全面、更协调、更加优化，以适应新形势的发展需要。还要认识到"汉族离不开少数民族，少数民族离不开汉族，各少数民族之间也相互离不开"[②]。以便少数民族党政人才在平时工作中能尽力做好各民族之间的协调。

再次，要树立"可持续发展"的思想。具体地说，在少数民族党政人才开发过程中应使少数民族党政人才树立"自我开发"、"终身学习"、"终身教育"等新观念、新思想，以实现少数民族党政人才自身才能可以持续地挖掘、发展下去，而不至于江郎才尽，适应不了工作和形势的需要。我们的开发管理部门也应不断地给少数民族党政人才创造及时充电、终身教育、继续教育等机会和条件。

只有这样，我们才能在少数民族党政人才开发中贯彻"以

---

① 《中共中央关于加强党的执政能力建设的决定》，人民出版社，2004年版，第1页

② 《中国共产党第三代领导集体民族理论学习纲要》，民族出版社，2002年版，第74页。

人为本”的全面协调可持续的科学发展观。

（二）搞好“五能”建设，落实少数民族党政人才资源开发的新要求和新标准

为了加强党的执政能力，《中共中央关于加强党的执政能力建设的决定》把不断提高驾驭社会主义市场经济的能力，发展社会主义民主政治的能力，构建社会主义和谐社会的能力，应对国际局势和处理国际事务的能力等“五大能力”建设（笔者简称之为“五能”建设）确定为执政能力建设的主要任务。其实，“五能”建设涉及经济、政治、文化、社会、外交以及国家主权和安全，覆盖改革发展稳定、内政外交国防、治党治国治军，阐明了新时期党政人才应当具备的执政素质和执政本领。党的执政能力主要是通过党员党政人才的执政能力来实现和体现的；党员党政人才的执政能力是我们党执政能力的基础和载体。只有提高我们党政人才的执政能力，才能更好地提高和加强党的执政能力。也只有搞好十六届四中全会决定中提出的“五能”建设，才能整体提高党政人才的执政能力，从而加强党的执政能力。

由此可见，“五能”建设是新时期培养党政人才的新要求和新标准。改革开放以来，民族地区社会形势发展迫切需要更高层次、更高素质的复合型党政人才，为此，我们应将“五能”建设作为少数民族党政人才开发的新要求和新标准。也只有如此，我们才能解决少数民族党政人才不适应新形势、新任务需要的问题。

（三）贯彻“四个以”工作布局，开创少数民族党政人才资源开发的新途径和新机制

十六届四中全会从我们党的实际出发，提出了“以保持党同人民群众的血肉联系为核心，以建设高素质干部队伍为关键，以改革和完善党的领导体制和工作机制为重点，以加强党的基层组织和党员队伍建设为基础”的工作布局，这对于指导培养和使用开发少数民族党政人才资源，提高和加强少数民族党政人才的执政能力都具有重要意义。

1. 创新选拔和任用机制

“以保持党同人民群众的血肉联系为核心”，说到底，要求我们在少数民族党政人才资源开发过程中坚持群众路线。因此，少数民族党政人才选拔需要人民群众参与，不能再像过去一样“选拔谁，靠几个上级领导干部说了算”，以防近亲繁殖或买官卖官等腐败现象滋生 。

2. 创新培养和使用机制

“以建设高素质干部队伍为关键”，要求我们要按十六届四中全会决定要求搞好“五能”建设。其实，每个少数民族党政人才的思想觉悟、知识、能力等各方面都存在差异，所以我们应根据各少数民族党政人才的特点，按照“五能”建设的要求，缺什么就培训什么，也即分类按需培养，这样才能切实克服和解决现阶段少数民族党政干部培养过程中的“三个一”现象，即“一刀切”、“一阵风”和“一锅煮”现象，也才能减少党政人才资源开发中的物力、财力和人力的浪费。

“以改革和完善党的领导体制和工作机制为重点”，这对少数民族党政人才资源开发来说就是要创新少数民族党政人才使用机制。在民族地区，有不少基层少数民族党政人才在一个地方、一个部门或一个单位一干就是十几年，甚至几十年，这不利于少数民族党政人才聪明才智的发挥，应增加基层少数民族党政人才的交流使用机会，并逐渐使之制度化。

3. 创新人才规划机制

我们党一贯重视少数民族党政人才的后备队伍建设，但这种干部人才规划机制目前仍不太完善。根据少数民族党政人才开发的经验教训，以及加强党的基层组织和扩大党的社会基础的要求，我们应在少数民族人才中发展党员，在少数民族党员中培养人才，在少数民族党员的优秀人才中选拔使用干部。只有这样，我们才能出色地贯彻十六届四中全会决定中的“以加强党的基层组织和党员队伍建设为基础”的指示。

综上所述，自新中国成立以来，党和国家一直十分重视培养少数民族党政人才，为少数民族与民族地区培养了大量的党政人才，由于少数民族党政人才地位和作用的特殊性，作为直接担当着巩固边防、稳定社会、发展民族经济、保持民族团结等较为繁重历史任务的少数民族党政人才来说，其特殊的战略地位和作用决定了我们在新时期以加强党的执政能力建设为契机，重点开发少数民族党政人才资源，具有深远的现实意义和历史意义。

第二节　以培育新的经济增长点为突破口，努力开发少数民族科技人才资源[①]

科技人才是将来任何一个国家、地区和民族求生存、谋发展的一支不可忽视的重要力量。对策二就是从“以培育的经济增长点为突破口”为视点，试探讨“坚持‘系统论’规律，将我国所有少数民族中的某一类人才，如党政人才、经营管理人才、专业技术人才等，看成一个子系统，进行系统整体开发”思路

① 参见曾豪杰著《浅议少数民族科技人才资源开发》，载《安徽广播电视大学学报》2007 年第 2 期。

以及现代开发、组织开发、跨越开发、培养盘活开发为主与引进使用开发为辅相结合、计划保护开发等战略思路的可行性。

所谓“科技人才”，从广义上讲就是指从事科学研究、推广、管理和服务等方面工作的人才和从事专业技术工作和专业技术管理工作的人员，即企事业单位中已经聘任专业技术职务从事专业技术工作和专业技术管理工作的人员，以及未聘任专业技术职务，现在专业技术岗位上工作的人员，包括工程技术人员、农业技术人员、科学研究人员、卫生技术人员、教学人员等；从狭义而言，我们可以将科技人才定位于专业技术人才。以培育新的经济增长点为突破口，重视少数民族科技人才资源开发既是改变我国少数民族科技人才资源开发现状的需要，又是实施西部大开发和少数民族地区全面建设小康社会的需要。

一、少数民族科技人才资源开发的现状及其成因分析

（一）少数民族科技人才资源开发的现状

1. 我国少数民族科技人才数量太少，规模过小

“五普”资料显示，我国从事科研和综合技术服务业的少数民族人数总共为 6 851 人。其数量之少、规模之小，令人为之震惊。

2. 我国少数民族科技人才结构不合理

根据“五普”资料不难发现，少数民族从事哲学社会科学的科研人才多，从事自然科学工作的人才少。在民族学、民族历史、民族文化等学科领域集中了大多数的少数民族高级人才，而信息技术、生物技术、新材料技术环保产业等高技术领域的人才紧缺，农牧业技术人才、工程技术人才也严重不足。在云南少数民族专业技术人员中，具有高级职称的只占 1.6%，低于云南省高级专业技术人员所占比例的 1.2%。

3. 我国少数民族科技人才分布不平衡

（1）民族分布不平衡。“五普”资料显示，我国从事科研和综合技术服务业的少数民族人数总共为6 851人。其中，满族、蒙古族、壮族、回族等少数民族各有500人以上，土家族、白族、侗族、彝族、苗族、维吾尔族、藏族、朝鲜族等少数民族都各在101～500人，瑶族、布依族各都在51～100人，锡伯族、仫佬族、羌族、仡佬族、达斡尔族、土族、柯尔克孜族、纳西族、畲族、黎族、傣族、哈萨克族、哈尼族等少数民族各都在11～50人，基诺族、鄂伦春族、京族、保安族、鄂温克族、俄罗斯族、塔吉克族、普米族、毛南族、景颇族、东乡族、水族、拉祜族、高山族、佤族、傈僳族等少数民族各都在1～10人，而门巴族、珞巴族、赫哲族、独龙族、塔塔尔族、裕固族、德昂族、乌孜别克族、怒族、阿昌族、撒拉族、布朗族等少数民族还是0。具体情况参见下表：

表1　中国少数民族从事科研和综合技术服务业的人才分段统计表

分段（单位：人）	民　族
0	门巴族、珞巴族、赫哲族、独龙族、塔塔尔族、裕固族、德昂族、乌孜别克族、怒族、阿昌族、撒拉族、布朗族
1～10	基诺族、鄂伦春族、京族、保安族、鄂温克族、俄罗斯族、塔吉克族、普米族、毛南族、景颇族、东乡族、水族、拉祜族、高山族、佤族、傈僳族
11～50	锡伯族、仫佬族、羌族、仡佬族、达斡尔族、土族、柯尔克孜族、纳西族、畲族、黎族、傣族、哈萨克族、哈尼族
51～100	瑶族、布依族
101～500	土家族、白族、侗族、彝族、苗族、维吾尔族、藏族、朝鲜族
500以上	满族、蒙古族、壮族、回族

资料来源：2000年第五次全国人口普查资料。

再以云南为例，在云南25个世居少数民族中，白族、纳西族、回族、满族四个民族人才占少数民族人才总数的39%，其他21个少数民族仅占61%。

（2）地区分布不平衡。人才具有凝聚性，人才分布也具有“马太效应”。少数民族科技人才大多集中在较发达的大中城市。在云南主要集中在昆明、玉溪、曲靖等大中城市，占了整个云南省人才总数近50%，特别是昆明集中了整个云南省人才的31.78%，边远少数民族地区科技人才就更少。在云南少数民族地区又主要集中在蒙自、个旧、大理、西双版纳、丽江等城市。大部分少数民族地区农村基本上没有什么科技人才。

（3）行业分布不平衡。以云南为例，民族地区少数民族科技人才主要集中于几大传统行业。党政部门较多，而科研、农林水利方面相对偏少，中高级农牧业技术、工程技术人才等严重短缺。在云南，少数民族技术人才主要集中在事业单位，占70%以上，而从事科技、经济、工程、农业第一线的人才十分薄弱，企业单位专业技术人员仅占22.1%。

（4）与其人口比例不相称。以云南为例，云南少数民族干部数量与其人口比例还相差近9个百分点，其中，科技人员数量相差近10个百分点。苗族、傈僳族稍好一点也相差近2个百分点。

4. 我国少数民族科技人才中高层次人才老龄化严重

在云南，少数民族科技人才高级职称中56岁以上的高达23.6%，青黄不接的问题尚未根本改变，现有离退休专业技术人员的“余辉”作用也尚未充分发挥。

另外，我国少数民族科技人才流失非常严重，因待遇、工作条件、科技经费的投入、管理和服务等各方面的原因，科技人才价值和作用发挥不够。

（二）少数民族科技人才开发现状成因分析

我国少数民族科技人才之所以会出现以上现状，其主要原因有：

1. 历史因素方面

我国各少数民族在历史上发展程度和速度各异。新中国成立初期，在云南，有的少数民族还处于原始社会末期或原始公社向阶级社会过渡阶段，如基诺族、独龙族、佤族、傈僳族等少数民族，有的还处于奴隶社会制度社会形态，如小凉山彝族，有的已经进入封建领主社会，如傣族、哈尼族、藏族、普米族等，有的已经进入封建地主制并且出现了商品经济，如白族、纳西族等。各少数民族在其经济、科技、教育、文化、卫生等方面都处在落后的低层次状态。由此可见，少数民族科技人才资源开发的历史基础非常薄弱。

2. 经济因素方面

经济发展缓慢，致使地区容纳和吸引科技人才的能力非常有限。一些民族地区，特别是较偏远的高寒山区，还保持着刀耕火种、广种薄收、靠天吃饭的原始农业生产方式。这种落后的生产方式严重制约着农业和农村经济的迅速发展，也严重地制约着少数民族科技人才资源的开发。

3. 教育因素方面

现代教育发展缓慢，培养科技人才持续发展能力不足。在云南，少数民族地区一师一校现象还普遍存在，“普六”、“普九”问题在一些少数民族地区还没有得到很好的解决。据云南省民委《云南省7个较少民族脱贫与发展问题研究》反映，7个人口较少民族，也即独龙族、德昂族、基诺族、怒族、阿昌族、普米族和布朗族，其人均受教育程度不到3年，平均文盲率高达50%，而其中最高的是德昂族，达到了62%。基础教育如此，科技人才培养便可想而知了。

4. 经费投入因素方面

经费投入、项目设置少，可持续性发展较弱。以云南怒江地区怒族为例，目前，怒江怒族地区已经实施的科技项目，大多为核桃、板栗、花椒、漆树等传统的经济林木和农作物种植技术项目，只有部分项目涉及的内容是新的，如油桃、油桐等树的种植等。虽然其许多项目被政府有关部门持续推动实施多年，但一般规模较小，而且可持续发展能力较弱，例如核桃、板栗、木瓜、花椒的种植在怒族地区被推动了多年，但还是很少出现老百姓自觉地大规模种植的现象。而且，对已经种植的管理也很粗放，一些项目如金竹，虽被推动种植了多年，由于规模和管理等各方面的原因，其效益不明显。

二、重视开发少数民族科技人才资源的重要意义

“科学技术是第一生产力”[①]，“依靠科技说到底是依靠科技人才”[②]。民族地区科学技术由潜在的生产力转化为现实的生产力，也就需要我们培养大量的科技人才。

（一）科技人才资源是少数民族地区科技进步和经济社会发展的重要战略资源

在知识经济和经济全球化的新形势下，国际间的激烈竞争已经突出表现为科技的竞争、人才的竞争。我国西部与东部的巨大

---

① 《邓小平文选》（第三卷），人民出版社，1993年版，第274页。

② 赫铁川著：《人才论》，上海科技文献出版社，2004年版，第39页。

差异之一是科技进步和科技人才方面的差异。少数民族地区进行全面建设小康社会和进行西部大开发需要大量的具有创新精神和创新能力的科技人才。由此可见，没有一批批、一代代的少数民族自身的科技人才，民族地区的经济社会发展将难以长久地保持其比较优势和竞争优势。知识经济时代，实现科技创新关键在科技人才。科技人才是新的社会生产力的重要开拓者，是科学知识的重要传播者，是少数民族地区社会的科技事业发展的希望，是把少数民族地区人口压力转化为人才资本的一个重要措施。正如江泽民同志曾指出的："人才是科技进步和经济社会发展最重要的资源。"所以说，科技人才是少数民族地区发展腾飞的重要战略资源。

（二）开发少数民族科技人才资源是民族地区自然资源开发和我国建设创新型国家的客观要求

我国少数民族地区自然资源丰富，其科学合理地开发离不开大量的科技人才。科技进步可以拓宽资源领域，发现和开采新资源，可以促使资源替代，可以加大资源开发利用的深度和广度，如：对共生和伴生的资源可开发利用；对单一开发利用的资源可多层次开发，综合性利用；对难开发的低品位的资源，可经济方便地开发。科技进步还可以提高资源效率，使资源的加工、转换和使用过程达到转换效率高、无废料、少排放和零排放，不仅物尽其用，同时保护环境。总之，科技进步对资源来说，既可开源，又可以节流；对环境来说，既可以减轻压力，又可提高质量。

中国是一个统一的多民族国家；多元一体格局的中华民族目前是由55个少数民族和汉族组成的民族。建设创新型国家，既离不开汉族，也离不开各少数民族。然而，科技创新，关键在人才，尤其依赖于大批高素质的具有蓬勃创新精神的科技人才。

正因如此，开发少数民族科技人才资源既是开发少数民族地区自然资源的客观要求，又是我国走中国特色自主创新道路，建设创新型国家的客观需要。

（三）开发少数民族科技人才资源是少数民族脱贫致富和全面建设小康社会的需要

“治穷先治愚，科教必先行”，“人才是科技进步和经济社会发展最重要的资源”，这已成为人们广泛的共识。少数民族摆脱贫困落后的面貌，缩小同发达地区的差距，促进农村经济稳步、快速、持续发展，必须加大少数民族科技人才的培养力度。

（四）开发少数民族科技人才资源是促进民族地区科技、经济和社会良性循环发展的一个重要动因

世界发达国家经济和社会发展以及我国东部的改革开放和发展实践证明：经济社会的发展必须依靠科技进步，科技进步又能促进社会经济的可持续发展，少数民族的发展可以借鉴和采用这种先进的经验教训。

（五）开发少数民族科技人才资源是民族地区人才资源开发的一个重要组成部分

我国人才资源开发主要是开发好三支主体人才资源，也即党政人才资源、企业经营管理人才资源、专业技术人才资源，少数民族人才资源开发也是如此，也要坚持分类指导、整体推进。我国目前少数民族人才资源开发比较重视党政人才资源开发，而对其企业经营管理人才和专业技术人才的开发工作还远远做得不够。所以重视开发少数民族科技人才资源也是改变我国少数民族科技人才资源开发现状的需要。

总之，“民族地区要发展，缩小与发达地区的差距，最根本的一条，是要把科技进步放在十分重要的位置，依靠科技进步，推动经济快速发展”[①]。毫无疑问，少数民族地区依靠科技进步必须高度重视少数民族科技人才资源开发。

三、以培育新的经济增长点为突破口，努力开发少数民族科技人才资源

少数民族科技人才资源的开发是一个复杂的系统工程，需要政府、社会组织等各方面的共同努力，需要以经济建设为中心，以发展现代教育为基础来搞好这个系统工程的完成；需要从政策、资金、社会文化环境等各方面来努力。

（一）更新观念，树立科学人才观

笔者在云南省昆明市、红河哈尼族彝族自治州、大理白族自治州、临沧市、丽江市、楚雄彝族自治州、迪庆藏族自治州等地调查发现，有不少少数民族同胞，甚至一部分汉族人，认为我国培养科技人才主要培养汉族科技人才就够了，对于少数民族能培养几个少数民族党政人才就不错了；有不少人，甚至一部地方干部，认为在民族地区培养科技人才简直是“天方夜谭”；也有人认为，贫困落后地区所需科技人才依靠国家引进就行了；等等。诸如此类的观念，笔者认为不利于开发少数民族科技人才资源，需要更新，当前，自然是以坚持科学人才观为指导，使民族地区增强科技人才培养自信心，树立自我培养意识。

---

① 《中国共产党第三代领导集体民族理论学习纲要》，民族出版社，2002年版，第93页。

（二）优先发展民族教育，夯实少数民族科技人才的培育基础

努力办好少数民族的基础教育，奠定坚实的少数民族科技人才资源开发基础。其中要重点抓好“普六”工作，在条件成熟的少数民族地区要积极搞好“普九”工作，并大力发展职业教育和成人教育等。目前，在少数民族地区尤其要重视发展职业技术教育，大量培养适用型技术人才，如初中级畜牧业技术人才、生物工程人才、电子信息人才、环保人才、现代农业人才等，在少数民族地区尤其缺乏证券、国际营销、国际金融与资产资本、涉外商务以及熟悉 WTO 运作规则的综合型、外向型现代管理人才。此外，要改革和完善民族地区的高等教育。少数民族地区高等学校应扩大对少数民族的定向招生数量，根据少数民族发展其特色经济、特色产业和培育新的经济增长点的需要量来调整相关专业调整。改革和完善一些课程设置，增添一些新的市场所需专业，如 WTO 所需要的高科技人才，压缩一些社会和市场已经饱和的专业人才，如民族史等。总之，不能像过去一样跟着其他地方追求“小而全”的人才结构体系或者按照一个模式来要求和配置科技人才，要加强高等教育与经济社会的紧密结合，调整学科和专业结构。

（三）培育新的经济增长点，开拓新的育才途径

我国是一个多元一体格局的多民族国家，建设创新型国家离不开汉族，也离不开各少数民族。加强国家和民族地区创新体系建设“要建设以企业为主体、市场为导向、产学研相结合的技术创新体系”[①]；“要建设各具特色和优势的区域创新体系，促进

① 胡锦涛：《坚持走中国特色自主创新道路为建设创新型国家而努力奋斗——在全国科学技术大会上的讲话》，人民出版社，2006 年版，第 13 页。

中央与地方的科技力量有机结合"[1]。再说，东部发展实践证明：经济结构调整与人才结构调整是互动的，经济结构调整决定人才结构调整，人才结构调整可促进经济结构调整。少数民族地区的人才结构和产业结构的现状也说明：凡是人才缺乏的产业，发展的速度就缓慢；凡是高层次人才缺乏的产业，技术创新能力就弱，高附加值、高科技产品的比重就低。所以，我们少数民族地区不能再盲目地模仿东部地区的发展思想和模式，而应走特色经济和特色产业之路，以培育新的经济增长点为突破口，从而以优势产业聚集科技人才，提高科技人才的密度和层次。以云南为例，靠民族地区传统产业带动科技人才开发的能力已经非常有限，靠引进难度较大，而西部大开发、加入 WTO、"富民兴边行动"、民族文化大省建设、绿色经济强省建设、中国云南连接东南亚、南亚的国际大通道建设、澜沧江—湄公河次区域发展中国家经济合作项目、泛珠三角区域合作、生物资源开发创新的产业园建设、烟草工业发展、民族文化旅游业及水利开发，等等，都为云南少数民族地区发展特色经济和特色产业、培育新的经济增长点带来了历史性机遇，党和政府可以以此为突破口，通过宏观调控，采用行政手段等从各少数民族中选拔一定数量的有开发潜力的青少年加强教育和培养，使之成才，将来为少数民族地区科技创新和推广作出贡献。

（四）增加科研投入和项目，进一步完善少数民族科技人才资源开发机制

以项目为牵引增加对现有科技研究、推广等方面的资金投

① 胡锦涛：《坚持走中国特色自主创新道路为建设创新型国家而努力奋斗——在全国科学技术大会上的讲话》，人民出版社，2006 年版，第 14 页。

入。创新是产业的生命，创新人才走在前头，创造发明才能走在前头。创造发明需要资金投入，现代的科技发明创造更多是来自项目工程。所以，国家和政府应大幅度增加少数民族地区教育和研究开发资金投入，大力扶持一些少数民族地区具有特色的科技项目，如花卉的栽培、保鲜等。如：积极招商引资和设立科研工作流动站。以云南为例，国家和政府应大力支持少数民族地区吸引一批国内、国际一流的高新技术企业到云南来设立分支机构或办事处，它们必然要使用大量本地人，这样可为云南少数民族地区培训一批高层次的技术和管理人才。还可以利用云南优越的气候条件和自然环境吸引国内外优秀人才到云南作休假研究、中长期或短期访问研究以及讲学等，并为其创造和提供优越的生活条件和工作条件。

（五）创造良好的成才环境，进一步完善少数民族科技人才的营才体制

1. 创造良好的工作、生活环境

现在，少数民族科技人才的生活和工作条件与东部发达地区相比，差距甚大。众所周知，只有“安居”才能“乐业”。正因为如此，我们要花大力气不断地改善现有科技人才的工作、生活环境，这样才能稳住现有的少数民族科技人才队伍，才能激发现有科技人才的聪明才智和创造力，才能吸引其他少数民族同胞立志于科技工作和科技事业。

2. 创造良好的进修环境

当今世界，日新月异，科技人才需要不断地、及时地给自己充电，更新观念和知识。所以，我国政府和高校，尤其是少数民族地区的高校，要为少数民族科技人才创造良好的进修环境。少数民族地区政府可以有组织地安排少数民族科技人才到东部发达地区或国外进行学习、交流。

3. 创造良好的社会环境

国家和政府应设立少数民族科技宣传、推广专项资金，让广大少数民族同胞树立热爱科学、相信科学、尊重科学、运用科学、学习科学知识的良好社会风气。政府还可以通过制定相关的优惠政策，引导企事业单位加大对少数民族科技人才的培养和使用力度，进一步完善现有的科技人才相关政策，发挥好现有的少数民族科技人才的作用。需要改善政策、法制环境，为少数民族科技人才的流动、培养、使用等创造一个“尊重劳动、尊重知识、尊重人才、尊重创造”的良好社会氛围。

第三节　以发展民族地区特色产业为引擎，重视少数民族特色人才资源开发[①]

目前，在少数民族人才中，党政人才多，经营管理、专业技术等方面人才少，所以我们现在需要以调整民族地区经济结构为良机来改善少数民族人才结构。对策三就是以发展民族地区特色产业为引擎这一视点，试探“‘坚持因地制宜’原则，根据地方特色，不同地区的少数民族（包括属于同一民族但处于不同地区的少数民族）实行不同的开发对策”思路的可行性。

《中共中央关于制定国民经济和社会发展第十一个五年规划的建议》提出：“西部地区要加快改革开放步伐，加强建设和生态环境保护，加快科技教育发展和人才开发，充分发挥资源优

① 参见曾豪杰著《浅谈少数民族特色人才资源开发》，载《中共银川市委党校学报》2007年第1期。

势，大力发展特色产业，增强自我发展能力。”[①] 这对西部少数民族地区来说就是要大力发展特色经济和特色产业。众所周知，经济结构与人才结构是互动的：经济结构决定人才结构，人才结构反过来影响经济结构。少数民族发展特色经济和特色产业自然需要培养其特色人才，培养少数民族特色人才又有利于少数民族地区发展其特色经济和特色产业。

一、发展特色经济：少数民族经济发展的必然选择

（一）沉重的历史教训：区域经济发展应有区域特色

自新中国成立以来，我国西部地区在经济建设方面，主要是照搬东部发达地区的发展模式。少数民族地区主要是模仿汉族富裕地区的发展方式。在很长的一段时期内，许多少数民族地区总是喜欢盲目地规划一些与其他地方一样的产业结构，立一些相似的工程项目，建一些生产相同产品的公司企业，等等。如云南民族地区产业结构普遍雷同现象就是过去这种经济发展模式的“遗产”。总之，不根据少数民族本民族地区的经济状况来选择经济发展思路和对策，而是照搬其他地方的发展模式，结果导致大量的重复建设、大致相同的产业结构、大量的相同产品过剩等。借鉴和引进成功的经验和先进的发展方式本来无可厚非，但我们更要注意的是去把握其经验和方法的精神实质所在，不是不顾本地本族的特殊情况而一味地、盲目地、原原本本地照搬和模仿。

其实，从某种意义上说，特色就是优势，特色就是竞争力。

---

① 《中共中央关于制定国民经济和社会发展第十一个五年规划的建议》，载《人民日报》2005 年 10 月 19 日第 1 版。

尤其在市场经济条件下，没有特色就没有优势，没有优势就没有竞争力，也就没有市场。由此可见，发展经济不能千篇一律；少数民族地区的区域经济发展必须走自己的特色经济之路。因此，少数民族地区应综合考虑区域内各种资源情况，充分发挥自己的比较优势、错位优势和后发优势，选择好重点突破的方向，构造特色鲜明的经济框架，发展好自己的特色产业。

（二）成功的现实经验：发展特色经济和特色产业是少数民族经济发展的必然选择

在云南，近几年来各民族地区都非常注意特色经济和特色产业的发展，已经形成了“一县或一乡一业，一乡或一村一品”的发展格局。如文山州的三七、大理州的奶牛、迪庆州的松茸、红河州的“两红”——红河烟和红河葡萄酒、西双版纳州的橡胶、德宏州的蔗糖等。再以文山州为例，“文山州的国际型优质烟叶出口量居全国前列，新兴产业如花卉、蔬菜、天麻、三七、冬虫夏草、灯盏花、香料等基地的兴起，到2003年，民族自治地区烟草类、茶叶类、医药保健类、畜产品类、丝绸类、土产类等共有140多种新产品走入国际市场，优质烟叶、天然药物、花卉、香料、野生菌、畜产品、蔬菜、芸豆、茶叶、咖啡等40多个特色产品，已经成为云南农业出口创汇的主导产品，远销欧美、日本、东南亚等60多个国家和地区”[①]。诸如此类都是云南少数民族发展其特色经济和特色产业的杰作。

实际上，少数民族地区自新中国成立五十多年来，尤其是改革开放后三十多年来的经济建设实践表明，因地制宜，发展具有竞争力的民族特色经济和特色产业是少数民族脱贫致富奔小康和

---

① 格桑顿珠、纳麒主编：《云南民族地区发展报告2003—2004》，云南大学出版社，2004年版，第150页。

缩小差距谋发展的最佳良策；发展特色经济是少数民族地区发挥比较优势的重要途径，也是少数民族地区经济结构战略性调整的基本方向。这正如张海翔教授所指出的："特色经济战略是西部大开发战略的战略。通过发展特色经济，培育新的产业增长点，是西部多民族地区在付出近乎涸泽而渔的单一资源开发代价之后，对传统工业化反省和调整的必然结果。"①

二、培养特色人才：少数民族发展特色经济和特色产业的客观需要

什么叫特色，简单地说就是"人无我有，人有我优，人优我特"。所谓"发展特色经济"就是不要一味地照搬别的地方的经济发展模式，而是从实际出发，利用自身的优势，创造自己与众不同的经济发展模式。培养特色人才，是与发展特色经济概念相对应而言的，也就是说不要培养没有自身特点的人才，而是要培养适合自己特色经济所需要的人才。

（一）传统人才培养模式的反思：少数民族人才资源需要因族因地开发

自改革开放以来，我国有成千上万的人出国留学深造。许多优秀的留学生或在他国或回国为当地经济和社会的发展作出了重大的贡献。他们去国外接受的教育和培训都是外国式的，而不是中国式的。欧美发达国家对我国留学生就是根据他们的经济和社会发展情况和需要，按照他们的教育模式和文化来教育和培养的。其实就是在培养所谓的"西化"人才。这些"西化"人才，

① 张海翔著：《新型工业化道路：生态、民族与人文视点》，人民出版社，2005 年版，第 137 页。

有的能够很好地适应国外的经济和社会环境，有的不能很好地适应。不少留学人才回国后，有的经过一段时间能很好地适应我国经济和社会，为我国社会主义现代化建设作出了重大贡献；有的还是不适应，最终或再度出国谋生或者庸庸无为。目前我国出现的大量留学生回国后主动到高校进行再培养就是最好例证。派留学生出国深造是现代国家和社会培养人才的一种比较好的方式，特别是高级人才，但不是我们国家培养人才的主要方式，而是一种非常重要的辅助方式。我们国家和社会所需要的绝大多数人才还是靠我们本国自己培养。

新中国成立几十年来，我们党和国家十分重视少数民族人才培养，尤其是少数民族党政人才培养，而忽视了少数民族地区企业经营管理人才、专业技术人才、专业化高技能人才和农村实用人才等其他人才的培养。其实，也就是忽视了少数民族地区人才结构的问题。我们国家目前培养少数民族人才的主要方式还是采取种种优惠政策和待遇来鼓励少数民族同胞去接受统一的教育模式和培养方式，或者说我国总体上是采用全国统一教学大纲、统一专业课程和教材、统一标准和规格等来培养少数民族各类人才。这一模式在我国人才资源开发史上作出了不可磨灭的贡献，培养了大量的少数民族人才，为少数民族地区经济和社会的发展贡献了智力力量。但是，从民族和文化角度来看，这种不管少数民族地区需不需要，也不管所培养出来的人才适不适应，完全按照汉族文化和教育来进行“大一统”人才培养模式其实就是在培养“汉化”人才，这与欧美发达国家培养中国留学生其实就是在培养“西化”人才有点相似。这一模式最大的缺陷就是忽视了少数民族地区特殊的地理环境、文化传统等因素，忽视了少数民族地区经济和社会发展的实际需要。简单地说，就是忽视了按少数民族自身的“族情”和民族地区区域经济发展需要来培养“本族化”和“本土化”人才。

目前，由于历史、地理、经济、教育等各方面的原因，少数民族地区靠自己培养其所需的各类高级人才还有一定的难度，采取到其他发达地区重点高校学习培养是比较合适的，就像我国在某些领域靠自己培养高精尖人才还不得不借助外国教育力量。但是，少数民族地区发展特色经济和特色产业所需大量的中级、初级人才是不是可以根据其自身的实际情况来设置课程和教材等来培养较为理想，就像我国培养自己的大部分主体人才一样，这是一个值得我们思考的问题。

不过，“西化”式的中国人才培养与“汉化”式的我国少数民族人才培养在某些方面既有相似点，又有根本不同之点。

1. 相似点

第一，培育内容方面有些相似，都是相对发达的民族运用其相对强势的文化与发达的现代教育来培养人才。

第二，培养数量和规模有些相似，都只是培养了其中一部分人，而不是其全部。

第三，培养结果有些相似，不是全部的人被“西化”或“汉化”，不是所有受训的人回本国或本民族地区后都适应。

2. 不同点

第一，经济基础不同。西方发达国家的人才培养模式是建立在生产资料资本主义私有制的基础之上，而我国的人才培养模式是建立在以公有制为主体，多种所有制并存的基础之上。

第二，根本目的不同。西方培养我国留学生是为了资本主义国家生产、占有更多的剩余价值和掠夺更多的社会财富以及进行“和平演变”的需要，而我国培养少数民族人才是为了“解放生产力，发展生产力，消灭剥削，消除两极分化”①，满足我国民族地区经济和社会发展的需要。

总而言之，针对我国当前少数民族人才资源开发中存在的种种问题，如所培养的人才回去不适应或者效用不大，所需人才没有培养出来而某些领域不需要的人才又十分过剩等，对我国目前现在的少数民族人才培养模式进行反思是非常有益的，也是少数民族在经济全球化和社会主义市场经济条件下发展区域特色经济和特色产业需要思考的一个重要现实问题。

（二）现代民族经济的呼唤：培养特色人才

我国民族地区各种各样的特色经济和特色产业的发展是需要各种各样的特色人才为之服务的。

1. 发展少数民族地区旅游经济需要培养少数民族特色旅游人才

建设旅游大省是云南发挥自身地理环境优势的体现和要求，这个定位也是十分正确的。现代社会旅游既是生态旅游，又是文化旅游。人们的旅游需求早已多元化，不少旅游者除了欣赏美丽的自然风光之外，更多的是希望能够欣赏到当地的文化和风情。在云南，旅游主要就是与少数民族的文化相融合。这种需求的满足除了靠建设好打上民族文化烙印的自然风景外，主要还是靠旅游人才的工作和服务来满足。这就需要我们根据少数民族地区特殊的旅游文化背景来培养与之相适应的旅游人才。迪庆推出藏族文化旅游，大理推出白族文化旅游，丽江推出纳西族文化旅游，元阳县、绿春县、金平县积极推出哈尼梯田文化景观旅游，澜沧县推出拉祜族文化旅游，西盟县、沧源县推出佤族文化旅游，布

① 《邓小平文选》（第三卷），人民出版社，1993年版。

朗山布朗族地区推出布朗族文化旅游，等等。这些特殊的民族文化，不通过少数民族本族人是难以尽善尽美地体现出来的。因此，只有培养大量的少数民族本族旅游人才才能更好地将少数民族文化与旅游相融合，才能更好地吸引广大外地游客。

2. 发展少数民族文化产业需要培养少数民族特色文化人才

民族文化是与其特色走向世界的。因为独具特色的民族文化是世界文化宝库中不可替代的组成部分。在经济全球化、现代化和市场经济的猛烈冲击下，我国少数民族文化出现了加速流失的危机。如果我们只是按汉族文化来培养和教育少数民族同胞，使之汉化，将加速民族文化传承后继乏人。这样下去，中华民族的文化多样性将逐渐减少。然而，文化多样性是人类最宝贵的财富。

云南是一个民族文化多样性的王国，具有举世罕见的民族文化多样性，这是云南具有在全国乃至全球比较优势的宝贵资源，是云南全面、协调、可持续发展最终能在西部地区乃至全国后来居上的坚实基础。为使云南的民族文化能够薪火相传，生生不息，就必须培养少数民族自身的民间文化精英和民族文化传人。

少数民族文化产业，除了民族文化旅游业以外，还有民族文化传媒产业，民族工艺文化产业，民族服饰文化产业，民族建筑文化产业，民族饮食文化产业，民族歌、舞、乐文化产业，民族医药文化产业，民族体育文化产业，民族节日文化产业等八大民族文化产业。少数民族文化多样性优势的发挥、少数民族文化产业的继承和发展都需要我们大力开发少数民族文化产业所需的特色文化人才。

3. 发展少数民族医药事业需要培养少数民族特色医药人才

在云南，少数民族的医药业，像楚雄州天然药业，其重点产业发展，已有15个拥有自主知识产权的民族药业申报国家新药，其中11个已经获准批量生产，投入市场；像金平县的瑶医药产业一项，2002年就创造产值300多万元，实现利润30多万元。再以彝医学为例，彝族民间草药医师曲焕章先生，广采彝族民间验方并结合自己的祖传秘方，于1914年研制出“云南白药”并形成产业化生产后，历经90多年畅销而不衰。20世纪90年代以来，一些公司根据彝族医药开发出了大量的新药，如“排毒养颜”、“彝心康”、“彝止痛”、“咽舒欣”、“益心康”等胶囊。其他如迪庆州的藏医药、西双版纳州和德宏州的傣医药、红河州的瑶医药、文山州的苗医药以及澜沧县的拉祜医药、西盟县和沧源县的佤医药等，都有不同程度的产业化开发并取得了一定的经济效益。像这些少数民族医药事业的继承和发扬，除了需要其他民族的人来学习外，主要还是靠本民族自己的人来将之发扬光大。由此可见，少数民族医药事业的发展需要我们培养大量少数民族自身的特色医药人才。

4. 发展民族地区绿色农业需要因地制宜地培养少数民族特色农业技术人才

我国许多少数民族地区是发展绿色农业的好地方，像云南，由于气候多样性，不少民族地区发展绿色经济大有前途。如德宏州的蔗糖、迪庆州的松茸、西双版纳州的橡胶等。在文山州内，如文山县、砚山县的三七，富宁县的八角，丘北县的辣椒，马关县的草果，广南县的“八宝贡米”，西畴县的阳荷。再如，彝良县柳溪山区的苗族地区的竹产品、魔芋、苦丁茶产品；布朗山的茶、甜竹、佛手果、辣椒等；普米族地区的核桃、苹果、漆树、大麻、当归等；基诺山基诺族地区千亩茶园示范基地；哈尼山乡的普洱茶；等等。这些民族地区都走出了“人无我有，人有我优，人优我特”的发展路子。其实，这些绿色农业产品的种植、研究、加工、营销、管理等为少数民族各方面的人才培养既提供了市场需求，又为之提供了发挥聪明才智的大舞台。还有，在经济全球化和市场经济条件的背景下，绿色经济的竞争也异常激烈。这些绿色产品要想不断地更新换代，由粗放型经营向优质、高产、高效转变，自然离不开培养少数民族各方面的农业技术人才。

5. 发展少数民族特产加工业需要培养少数民族特色经营管理人才和实用技术人才

我国少数民族的特产很多。饮食如云南怒江怒族的荞米糁、荞酒、老母登茶、“口刷俄雷”粥（用褪过皮的干的青玉米煮的肉粥），阿昌族的过手米线等。手工制作如鹤庆县新华村白族的铜银工艺品制作，德钦县奔子栏镇藏族的木制工艺品制作，新平县嘎洒乡土锅寨傣族土陶工艺品、阿昌族户撒刀、哈尼族的竹编工艺品的制作等，文山州西畴县木质水烟筒生产等。这些特产的加工和经营，都需要大批少数民族自己的工艺制作、经营管理和实用技术等各方面的人才。

总而言之，少数民族地区特色经济和特色产业结构决定了我们必须培养需求大量的少数民族特色人才来为之服务。

三、以发展民族地区特色产业为引擎，重视少数民族特色人才资源开发

（一）解放思想，与时俱进

在云南，有的少数民族地区还在继续传统的经济发展模式，或是一味地模仿其他地方，所以要解放思想，与时俱进，树立走特色经济和特色产业之路的思想。还要注意特色经济和特色产业中出现的新问题、新情况，要不断地继承、发展和创新。总之，要认识到只有大力发展少数民族特色经济和特色产业，才能为培

养少数民族特色人才奠定坚实的经济基础。

（二）政府注意组织好调查、评定和保护好少数民族现有民间特色人才，积极地为他们创造施展才能的良好环境

我国少数民族民间都有各种各样的民间特色人才。以云南哈尼族为例，“哈尼族民间有一大批能够演唱、讲述大量作品的著名贝玛和歌手，他们是哈尼族的民间文艺家，他们中较突出的有朱小和、杨批斗、罗雍姒（女）、陈阳则、马蒲成、刀模收、普金打、车国忠、李起然、卢万明、杨罗斗、李开明、白学硬、张牛朗、李遮鲁、赵呼础、赵呼周、李七周、李书周、涂伙沙、白祖博、李克朗、吴文生、李龙遮、李热斗、批二、阿蒂、阿大、车朗、金尚鼎、李小五、白自宾、杨伙吉、涂黑仰、龙浦才，等等。”① 这些人才，我们政府有必要组织调查、评定和保护好他们，积极地为他们创造良好的施展才能的工作和生活环境。不然，有些少数民族特有文化将会后继乏人。如基诺族，其民间舞蹈、器乐、民歌等需要进行抢救和保护，这急需政府组织调查，保护好其现有的民间艺人这种文化特色人才，因为他们就是当今少数民族文化的活载体。

在云南，有些地方政府已经开始做这一项工作，并且取得了良好效果。楚雄彝族自治州从1987年至2002年，在全州范围内进行的民族歌舞乐及民间美术艺人的调查，走访了民间艺人364人，搜集整理了113名艺人的文字资料，收录彝族民歌600多首，为87位有造诣的民间艺人摄像、拍摄多种艺术资料800多幅。再如保山市，有5个民族乡被市政府命名为“民间艺术之

① 史军超主编：《云南民族文化大观丛书》，云南民族出版社，1999年版，第322页。姓名标方框者表示已经过世。

乡”，其中24人被省民委、省文化厅授予“民族民间艺人”称号。

政府组织保护好老一辈少数民族文人、艺人，不仅有利于如藏族、纳西族、傈僳族等民族的传统民间文学、歌舞、绘画资料搜集、整理等方面的工作，防止其失传，又有利于加强新一代文化、艺术人才的培养，提高他们的素质和能力。

（三）建立相关经营性社团组织，努力搞好现有的特色人才资源开发

组建一些少数民族经营性文化服务社团或者公司、特产品加工企业等，这不仅可以积极地选拔和任用少数民族的各种各样的特色人才，而且可以促进少数民族地区经济和社会发展。如怒江州泸水县，民间艺人自己组织业余文艺队69支，腾冲县组建皮影队、刀杆队、舞狮队、花灯队以及佤族清剧队、傣族武术表演队等少数民族民间文艺团体，既丰富了少数民族群众的文化和精神生活，也为少数民族艺术人才的成长创造了良好的机会和社会环境。

（四）大力发展少数民族职业技术学校

实践证明，不论在东部发达地区，还是在西部少数民族地区，职业技术学校都有其强大的生命力和广阔的市场，培养的人才能够很好地适应社会和市场。因此，我们要花大力气支持发展少数民族职业技术学校，以满足少数民族地区发展特色经济和特色产业的需要。

（五）少数民族地区高等院校要注意根据需要调整专业结构

笔者在网上对云南大学、云南民族大学、西南民族大学等近20所相关高等学校的专业和课程设置进行了分析研究，发现普遍存在特色不突出的现象，虽有个别专业是针对少数民族需要而设置的，但是还远远满足不了少数民族地区发展特色经济和特色产业的需要。所以笔者建议民族地区的高校应根据民族地区的经济和社会发展需要而开设一些急需专业，如在民族地区医学院可以开设少数民族医药专业，在民族地区农学院、林学院开设少数民族特需的农业种植、养殖、特产加工等专业和课程。总之，多根据少数民族发展特色经济和特色产业需要来设置专业和课程；民族地区高校应办出自己的地方特色。以独龙族为例，目前独龙族在音乐创作、艺术创作、表演和医药方面极缺人才。所以，我们可以在独龙族地区或者云南合适的地区或者委托像云南大学、云南民族大学或者昆明医学院等组织专家根据独龙族特点制订特殊的培养方案来专门为之培养音乐、表演、医药专业的人才。

民族地区高校在设置特色专业时应注意到要具有民族地区区域经济行业特征、独特的少数民族培养人才的教学计划和课程设置；要根据高等教育培养目标，要求在专业规划、专业设置、教学计划等方面提出新的要求，要具有专业特色和民族地方特色，适应少数民族地区各类实用技术型人才的培养。因此，民族地区的高等教育要办出特色，在培养目标、专业设置、人才质量规格等各个方面应有自己的专业特色和培养人才的模式。以民族地区农业人才培养为例，为了把少数民族地区特色农业做优做强，国家确定今后重点发展的西部七大特色农业基地，其中包括新疆棉花和西瓜、甜瓜生产基地，云南甘蔗、烟叶基地，内蒙古糖料生产基地，在西南地区发展柑橘、热带水果，在西北地区发展猕猴桃、苹果、梨、葡萄等优质水果生产基地和枸杞、甘草、红花中药材生产基地。因此，民族地区高等学校应该大力发展“特色农业”学科，为少数民族地区的特色农业基地培养种植、加工、储藏、运输、营销、管理等方面的“精英型”和“实用型”人才，为实现少数民族地区跨越式发展服务。

总而言之，民族地区特色经济和特色产业的发展推动了少数民族各种各样的特色人才的培养和开发。如藏族地区的唐卡画师、云南大理剑川的木匠、大理市的大理石画匠和书法人才、鹤庆的银器加工匠与泥水匠等的兴起就是明证。因此，为了满足少数民族地区发展特色经济和特色产业的需要，要高度重视少数民族特色人才资源开发。

第四节　以构建社会主义和谐社会为大局，特别开发少数民族宗教人才资源[①]

宗教人才资源是少数民族人才中的一种特殊的人才资源，我们既不能忽视或者轻视，也不能像培养党政人才、经营管理人才和专业技术人才一样培养，只能特别地培养。对策四就是以构建社会主义和谐社会为视点，试探讨“坚持‘系统论’规律，将我国所有少数民族中的某一类人才，如党政人才、经营管理人才、专业技术人才等，看成一个子系统，进行系统整体开发”思路的可行性。

一、宗教人才概念的界定及认可少数民族宗教人才的意义

（一）宗教人才概念的界定

不同的时代，人才有不同的内涵和外延。随着社会的发展和时代的变化，人才的标准和要求也会随之发生改变。

宗教界究竟有没有人才？如按“学历”标准，一些宗教界

---

① 参见曾豪杰著《浅谈少数民族宗教人才资源开发》，载《西南民族大学学报（人文社科版）》2006 年第 5 期。

人士和信教群众也拥有高等教育学历。如按“职称”标准，一些宗教界人士和信教群众已取得初、中级以上职称。如按“能力”标准，一些宗教界人士和信教群众不论是口头和书面表达能力，还是书法绘画能力；不论是医学技术水平，还是社会交际活动能力，都比我们一般人强。如按“创造性劳动”标准，一些宗教界人士和信教群众为使宗教教义教规与社会进步和时代要求相适应，作出了开拓性的工作和努力，这本身就是一种“创造”。如按“德才兼备”标准，一些宗教界人士和信教群众不仅比我们有些人更讲道德、更爱国，能力也更强。如按“贡献大小”标准，一些宗教界人士和信教群众在信教和传教过程中宣扬爱国主义，在反对境外宗教渗透活动中对民族团结和社会稳定作出了不可磨灭的贡献。总之，笔者认为，将宗教界优秀的爱国教职人员和信教群众当做“人才”看待是可行的。

何谓“宗教人才”？中共中央党校博士生导师陈登才教授认为：“凡是能够适应经济社会发展需要，并顺应经济社会发展趋势而逐步提高自身素质和能力的人就应该称之为人才。”① 依此，从广义来讲，凡是能够适应经济社会发展需要，并顺应经济社会发展趋势而逐步提高自身素质和能力的宗教信仰者就应该称之为宗教人才。从狭义来讲，凡具有一定宗教德识和学识又爱国爱教，合法地从事宗教传播、宗教组织内部事务管理和宗教教义教规研究，引导宗教与我国经济社会发展相适应，并顺应经济社会发展趋势而逐步提高自身素质和能力的宗教教职人员才可称之为宗教人才。因此，凡具有少数民族身份的宗教人才即为少数民族宗教人才。

---

① 陈登才、梁春鸿著：《人才战略——强国富民兴党的重要战略》，江苏人民出版社，2004年版，第215页。

（二）认可和培养少数民族宗教人才的意义

1. 认可少数民族宗教人才是在宗教界贯彻和落实我党“尊重劳动、尊重知识、尊重人才、尊重创造”方针的体现和需要，在理论上是对我党民族理论与政策的完善和发展

爱国爱教的宗教教职人员在从事合法、正常的宗教活动中宣扬爱国主义，积极引导宗教教义教规与社会主义相适应，这本身就是一种创造性劳动，认可他们的这种劳动，就是对他们劳动和创造的尊重。

2. 认可和培养少数民族宗教人才在实践中有利于解决我国当前一些复杂民族与宗教问题

民族问题与宗教问题往往交织在一起，有些问题还得需要我们宗教人才的参与才能更好地妥善解决。

3. 认可和培养少数民族宗教人才，从马斯洛的需求层次理论来说，是对宗教界爱国爱教的教职人员的尊重和自我实现需求的满足

爱国爱教的宗教教职人员也是社会中的人，他们也有各种需求，认可少数民族宗教人才就是对他们这种需求的满足。这对团结爱国爱教的宗教界朋友共同致力于全面建设小康社会、构建民族地区社会主义和谐等非常有利。

二、特别开发少数民族宗教人才资源的必要性和紧迫性

（一）特别开发少数民族宗教人才资源的必要性

1. 特别开发少数民族宗教人才资源是由民族与宗教关系的复杂性决定的

古今中外的历史早已表明，民族与宗教具有不可分性。我国是一个多民族、多宗教的国家，宗教在少数民族与民族地区，特

别是在边疆少数民族中有着广泛的影响。以云南为例，云南是一个多民族、多宗教的省份。少数民族信徒占全省总信徒的90%以上，民族性突出。各种宗教在云南省17个州（市）的128个县（市、区）交叉存在，分布广，而且宗教分布与民族分布相对应，有明显的区域性，在边境沿线基本上是少数民族信徒聚居区。

宗教与民族虽属两个不同的范畴，但宗教问题和民族问题、贫困问题、境外渗透问题等往往交织在一起。在世界多极化、经济全球化的时代背景下和我国社会转型时期，宗教与社会稳定、政治变迁的关系十分密切。可见，宗教问题不仅是个人信仰的问题，也是整个民族问题中不可分离的一个重要部分。

如何做好民族与宗教工作，解决好民族问题与宗教问题，需要特别地开发现有的宗教人才资源，提高宗教人才的综合素质和能力，团结他们为做好民族宗教工作献计献策。

2. 特别开发少数民族宗教人才资源是宗教教职人员的地位和作用决定的

宗教教职人员如僧人、道士、阿訇、牧师、主教、神父等既是各宗教组织的实际体现者，又是宗教信徒群体的实际领导者和组织者。他们对宗教教义的制定、解释、修订和在传达教徒的种种意愿给“神”等方面享有“特权”，是沟通人与“神”之间关系的桥梁。因此，他们往往在教徒心目中被认为是神圣的和值得信赖的。由此可见，信教群众能否依法信教，宗教教职人员具有较大的影响力。所以，开发好爱国爱教的少数民族宗教人才具有特殊的现实意义。

3. 特别开发少数民族宗教人才资源是贯彻和落实党的宗教方针政策的必然要求

党的十六大报告明确了社会主义时期宗教工作的基本方针

是："全面贯彻党的宗教信仰自由政策，依法管理宗教事务，积极引导宗教与社会主义社会相适应，坚持独立自主自办的原则。"①

要想切实贯彻和落实好党的宗教工作方针，除了依靠我们党的领导和政府依法管理、人民群众的积极和广泛支持外，需要特别地增强宗教人才的自身本领，需要宗教人才自身了解和学习国家的法律法规，更需要宗教人才能与时俱进地阐释宗教教义教规，使之与我国经济社会相适应，与社会主义社会相适应，从而做到依法传教，教导信教群众依法信教，以便能在抵御外来各种宗教和邪教的渗透和破坏中大显身手，使爱国宗教立于不败之地，从而捍卫独立自主自办原则。

4. 特别开发少数民族宗教人才资源是保护少数民族文化及民族地区宗教组织的非物质遗产的需要

"宗教及其所产生的文化现象是民族文化传统的积淀，是民族精神的精华所在，属于珍贵的民族文化遗产的重要组成部分。"②它包含着人类文明的成果。还有，"几乎全民信仰某种宗教的少数民族中，宗教与这些民族的民族风情、文化艺术、生活习惯、道德规范等融为一体，成为这些民族共同文化的构成部分"③。在少数民族与民族地区，宗教文化不仅是少数民族本民族文化的一个重要体现，而且往往与旅游文化等相交织。据专家调查研究发现，凡有自身宗教的少数民族，如回族等，其民族文

① 江泽民：《全面建设小康社会，开创中国特色社会主义事业新局面》，人民出版社，2002年版。

② 《全球化：宗教怎么办?》，载《世界宗教文化》，2005，(1)。

③ 熊胜祥、杨学政主编：《云南宗教情势报告》，云南大学出版社，2004年版，第148页。

化还能够很好地传承下来；相反，没有自身宗教的少数民族，其传统文化、民族工艺等因现代化和市场经济的影响很难传承下去，需要政府和专家进行抢救性保护。所以，保护少数民族的民族文化、发展民族旅游经济，自然需要保护一些优秀的宗教文化。这就需要我们宗教界特别地开发宗教人才资源，提高他们的思想文化水平，以满足继承、发扬优秀的宗教伦理道德、思想、文化及与国际宗教文化进行交流、学习、借鉴的需要，以满足人类保护少数民族民族特有文化的需要。

自1993年少林寺状告生产“少林”牌火腿肠的河南漯河罐头食品总厂以来，从大陆到港台地区，从国内到国外，从打击滥用“少林”商标到打击假冒少林寺僧人组团演出，少林寺一直在打一场持久的商标保卫战，我国政府、佛教界和少林寺都为此作出了重大努力。据报道，我国少数民族与民族地区的一些宗教组织自身非物质遗产遭受不法分子非法侵害现象时有发生。

因此，开发宗教人才资源，对保护少数民族特有的民族文化和民族地区的宗教组织自身非物质文化遗产都是十分有利的。

（二）特别开发少数民族宗教人才资源的紧迫性

1. 特别开发少数民族宗教人才资源是应对国际宗教形势发展对我国民族团结和社会稳定所带来的挑战的需要

随着经济全球化进程的不断加快，世界各国之间的经济、政治、文化的交流和联系也日益频繁，各国之间的宗教，特别是几大世界性宗教的联系也日益广泛和密切。随着我国改革开放的深入，我国宗教方面的对外友好交往越来越多，但境外宗教势力趁机对我国进行渗透的趋势也不断加强。如：在云南，一些非法宗教组织利用现代化的交通网络加快人员渗透，采取派遣人员以合法的旅游、观光、探亲、投资等为名，利用合法掩护非法、公开掩护秘密等手段，暗中进行渗透活动；利用广播电台、网络等现代化技术和媒体及投递反动刊物等方式，进行思想文化渗透；利用境内宗教教职人员深造晋升难，以优惠条件引诱少数民族年轻的宗教教职人员出走外国学经、深造，或组织零散朝觐人员，或在少数民族与民族地区进行非法招生，或册封“圣人”、“宗教领袖”等；在一些贫困地区，利用救灾、扶贫、助学等方式，通过各种渠道向寺院提供各种援助，以争取信教群众；等等。

反境外宗教渗透，除了党和政府依法加强管理和严厉打击外，还需要爱国宗教组织和团体培养一支高素质的宗教人才队伍配合做好信教群众工作，以增强反境外宗教渗透的能力和力量。

2. 特别开发少数民族宗教人才资源是应对我国少数民族与民族地区宗教形势发展的需要

(1) 宗教信徒和宗教组织发展比较快，一些新增加的教职人员素质普遍比较低。目前，在我国13亿人口中，有1亿多人是宗教信徒，已经超过我国总人口的1/10。全国各宗教有教职人员约30万人，全国性和区域性宗教团体共有3 994个。全国各宗教经政府有关部门批准开放的活动场所有8.47万处。再以云南为例，根据云南省宗教局2003年的初步统计，云南全省信教人数从2002年的358万多人增加到384万多人（不包含原始宗教信徒），占全省人口总数的8.9%，其中少数民族信徒达90%以上，有宗教活动场所5 283座（处），宗教教职人员14 044余人。其中基督教由改革开放初期的5万人已经发展到今天的50多万，其宗教活动场所已增到2 000余处，活动范围也发展到整个云南近120个县。

据笔者调查发现，一些宗教组织新增加的教职人员文化水平不高，缺乏必要的宗教学识和修养，素质普遍偏低，不适合从事传教、管教工作，因此，我国宗教界需要通过培养和教育，改变宗教教职人员与信教人数不合理的现状，提高教职人员的素质和能力，使他们能更好地、正确地、合法地传教、管教。

（2）异端邪教不断涌现，非法宗教活动增多。据公安部调查，国内邪教活动突出的有15种，其中境外渗入的有7种。活动涉及全国782个县（市），一度影响群众50余万。在云南，活动较为突出的邪教也达到10余种，主要涉及楚雄、保山、丽江、曲靖、玉溪、昭通等州（市），并且主要是在民族地区。

当前，少数民族与民族地区因种种原因非法宗教活动不断增多。如：一些非法宗教组织和传教人在民族地区宣扬异端邪说，蛊惑人心，乱洗礼、乱发展，搞“升天”、“显灵”活动，甚至跳裸体舞等，严重地败坏了当地的民风和社会风气；一些非法宗教组织和传教人断章取义、歪曲误解教义教规，乱讲乱传，使一些民族地区信教人员与非信教人员之间矛盾激化，父子不认，夫妻离异，兄弟反目，邻里斗殴，学生辍学，严重影响当地的生产生活秩序和社会稳定；一些非法宗教组织和传教人不怀好意地指使不明真相的信教群众，自称天国公民，不承认自己是中国公民，以“户口只能向信主报一次”为由不向公安机关申报，以“不杀生”为由抵制和不执行计划生育政策，还反对送孩子上学，教导信教群众有病不进医院，不吃药不打针，甚至不吃国家和政府的返销救济粮等，严重地践踏国家的法律法规，妨碍党和政府方针政策的贯彻和落实；一些非法宗教组织自封或互封传教人，私设聚会点，乱建宗教活动场所，使一些民族地区信教的少数民族与不信该教的少数民族为建盖寺庙、教堂等而发生土地冲突纠纷，严重地破坏了民族团结和社会稳定，等等，诸如此类，不一而足。

解决民族地区这些不正常宗教活动，除依法治理外，爱国宗教组织和团体需要培养宗教人才，以扩大爱国宗教在信教群众中的感召力和影响力，引导信教群众依法信教和爱教。

3. 特别开发少数民族宗教人才资源是构建民族地区社会主义和谐社会的需要

党的十六大提出了构建社会主义和谐社会的要求，这为我国未来的发展勾勒了美好的前景，也为我国民族地区宗教界提供了服务民族地区社会、报效祖国的大好时机。作为传统文化的宗教，历来是社会的一个重要组成部分，合法信奉各种宗教的宗教信徒从来就属于广大人民群众中的一员，构建和谐社会自然需要妥善协调各种宗教和宗教信徒的利益，需要团结他们，共同为构建民族地区社会主义和谐社会作出贡献。宗教文化的许多思想是符合社会发展要求的，可以在帮助人们增长诚信、安定人心、化解矛盾、稳定社会中起到重要的作用。但是也有一些宗教的教义教规随着时代的变迁已经不太适应社会进步的要求，或因一些教职人员的水平有限而误传给信教群众产生了不良影响，这就需要我们宗教界培养出一批高素质的宗教人才对之作出符合社会进步要求的阐释。

三、以构建社会主义和谐社会为大局，特别开发少数民族宗教人才资源

（一）解放思想，正确看待

一方面，我们宗教界朋友应该认识到宗教不论是作为一种社会意识形态、一种社会实体，还是一种社会活动，都必然与其他社会意识、社会实体、社会活动发生关系。信徒作为社会的人，宗教团体作为社会团体，也必然与社会发生联系。在世界各国各地必然成为而且也是社会和国家管理、规范的对象。况且，自由是相对的，而不是绝对的。因此，我们宗教界人士和信教群众要想充分享受宗教信仰自由，要想自己的宗教合法权益不受侵犯，

就需要与其他非信教群众和社会组织以及其他各宗教之间相互尊重，而不能搞“唯我独尊”；就需要通过培养一批高素质的宗教人才来提高自身的素质和能力，需要热爱祖国、依法信教、依法传教、依法管教。

另一方面，宗教具有群众性、民族性、长期性、复杂性和国际性，所以我们不能人为地去消灭宗教，我们非宗教界人士和群众不能因为一些优秀的爱国爱教宗教教职人员和信教群众信仰宗教和从事宗教活动而不把他们当做人才看待，不关心他们的生活、学习和工作；不能把信教群众等同于“落后群众”，只看到宗教的消极作用。相反，我们应肯定宗教的积极作用，肯定信教群众是“积极力量”；支持他们依法信教、依法传教、依法管教和研究宗教工作，鼓励他们努力提高自身素质和能力，自学成才，更好地继承和发扬优秀的宗教伦理道德、思想、文化等，积极参与全面建设小康社会，为构建社会主义和谐社会多作贡献。

（二）坚持“党管人才”的根本原则

党管人才主要是指党在宏观方面管好人才方针政策，领导人民为人才成长和发挥聪明才智创造良好的生活、学习和工作环境。党管宗教人才不是指党去直接管理宗教人才的信教、传教、管教和研究宗教等内部事务，而是指党领导人民为宗教人才的成长、享有宗教信仰自由、传教、管理宗教组织内部事务创造良好的社会环境，为宗教人才的生活、学习和工作创造有利的条件，在他们需要帮助和援助时，给予关怀和温暖。

（三）支持宗教界搞好宗教教育工作

宗教院校是培养爱国爱教的宗教人才的主要阵地和场所。现在，我国有宗教院校 91 所，其中：佛教 32 所，道教 2 所，伊斯兰教 10 所，天主教 31 所，基督教 17 所。然而，目前少数民族与民族地区的许多宗教院校存在不少困难和问题，如：办学经费困难，办学条件比较差，扩大招生难；教师不评定职称，影响了教师的稳定和教学质量的提高；等等。因此，为增强宗教界自觉抵御控制、渗透、颠覆的能力，我们有必要努力支持爱国爱教的宗教组织和团体适当增加对宗教院校的经费投入，从师资、教材、规章制度等多方面加强建设，搞好各宗教院校的招生和管理工作，使各宗教院校走上规范化办学的道路；再根据实际情况，适当地在民族地区筹建一些宗教学院，以保证和适应少数民族与民族地区的信徒求学、深造和晋升等需要。这样，才能为宗教界培养和输送合格和优秀的宗教人才。

（四）鼓励和支持宗教界推行行业准入制和职称评定制

随着社会的发展和时代的变迁，信教群众的思想文化精神追求愈来愈高，他们对宗教教职人员的要求也将越来越高。因此，我们宗教组织和团体需要将具备一定宗教德识和学识的信教者选拔为教职人员，以满足信教群众的信仰追求。为此，对欲从事宗教教职人员工作的信教者，我们宗教界不妨借鉴其他行业准入制做法，即通过宗教组织和团体组织的宗教测试（包括笔试和面试），评定参考者的宗教德识与学识，合格以上者颁发从事宗教教职人员工作的职业资格证书，以在源头上保证宗教教职人员的质量；对已经从事宗教工作的教职人员，为了公开公正地选拔宗教组织和团体的内部管理者，以及客观地评价他们对本教本组织和社会贡献的大小，宗教界不妨借鉴其他行业职称评定制做法，让信教群众一道参与评审，根据教职人员的威望、德识、学识水平和能力、传教水平和能力等各方面评出如初级、中级、高级、特级宗教教职人员。一来是对宗教人才工作成绩的肯定，二来是满足提高信教群众依法信教的素质和能力的需要。

（五）共同努力营造良好的成才环境

首先，党和政府要加强执政能力建设，加强对宗教事务的管理，随时保持高度的警惕，保护合法，制止非法，抵御渗透，打击犯罪，将宗教事务的管理纳入法制化、规范化的轨道。为保障信教群众信仰宗教自由和合法宗教权益，为宗教人才的成长、生活、学习和工作，创造一个良好的成才社会外围环境。

其次，宗教组织和团体也应在内部进行宗教思想、组织和制度建设，加强内部管理，为宗教人才的成长、生活、学习和工作创造有利的内环境。对于那些不服本教管理，不虔诚遵守教规的恶徒劣徒，应依教规对之进行处罚，对严重损害本教形象和利益者，可以采取“清理门户”的措施严加处理，以培育良好的教风教德，树立良好的宗教、宗教组织和团体形象，以造福人民和社会。

总而言之，以构建社会主义和谐社会为大局，特别地开发少数民族宗教人才资源，既是少数民族与民族地区宗教界爱国宗教组织、团体和信教群众提高自身素质的需要，又是应对国内外宗教形势发展对我国民族团结和社会稳定产生影响的需要，既有利于引导宗教与社会进步和社会主义社会相适应，又有利于民族团结和社会进步。

第五节　以优先发展少数民族教育为基础，关爱少数民族女性人才资源开发[①]

少数民族女性人才资源开发是最容易被忽视的，也是相当棘

① 参见曾豪杰著《民族教育与少数民族女性人才资源开发》，载《当代教育论坛》2007年第12期。

手的问题，还是理论界从教育等角度研究比较多且创新不多的热点和难点问题。对策五就是以优先发展民族教育为视点，试探讨“坚持‘系统论’规律，将我国所有的少数民族的人才看成一个大系统，进行系统整体开发”思路的可行性。

叶忠海早在其1987年出版的《女性人才学概论》中就曾提出：对女性人才要进行自信、自强、自尊、自爱的教育，不仅要因材施教，还要因性施教。[①] 这其实就是提出女性人才的因性培养和开发问题。少数民族女性人才资源是我国人才资源的重要组成部分，其开发状况直接关系到民族地区的经济发展，人民物质和精神生活质量的提高和全面建设小康社会各项任务的顺利完成。因此，我们要以优先发展少数民族教育为基础，关爱少数民族女性人才资源开发。

一、少数民族女性人才资源开发的现状特点及其成因分析

（一）少数民族女性人才资源开发的现状特点

1. 总量偏少，规模较小，难以满足少数民族自身发展需要

自新中国成立以来，在党和政府的重视和关怀下，我国少数民族女性人才数量已经大大增多。但根据“五普”资料看，我国少数民族女性人才不论相对于汉族，还是相对于其总人口，都呈总量少和规模小；并且各民族间不平衡，有的多，有的少（详细情况见下表）。这种状况是难以满足民族地区经济和社会发展需要的。

① 叶忠海著：《女性人才学概论》，北方妇女儿童出版社，1987年版，第104页。

表2　我国各族6岁及6岁以上人口受中专以上教育状况表（单位：人）

民族名称	女性6岁及以上总人口	中专	专科	本科	研究生
蒙古族	2 699 962	128 988	88 050	41 193	1 844
回　族	4 395 248	165 616	108 966	49 102	2 315
藏　族	2 410 302	53 346	17 146	7 071	188
维吾尔族	3 691 696	133 993	62 512	33 945	315
苗　族	3 838 362	74 879	25 774	8 862	353
彝　族	3 340 753	61 331	17 262	6 484	248
壮　族	7 261 008	231 380	75 780	22 289	972
布依族	1 277 748	26 400	8 704	3 273	104
朝鲜族	935 176	49 935	36 361	27 423	1 317
满　族	4 784 956	183 224	139 675	67 995	3 488
侗　族	1 269 017	36 797	12 985	4 206	167
瑶　族	1 276 196	31 220	11 061	4 078	151
白　族	855 723	27 884	11 678	6 306	274
土家族	3 802 955	108 271	39 517	13 883	738
哈尼族	623 268	10 317	2 283	667	26
哈萨克族	556 380	28 788	14 662	5 995	64
傣　族	530 280	13 291	2 886	1 018	33
傈僳族	27 7581	3 810	641	254	8

续表

民族名称	女性6岁及以上总人口	中专	专科	本科	研究生
佤 族	174 463	2 458	360	157	6
畲 族	303 704	6 632	2 227	1 127	40
高山族	1 881	107	115	62	3
拉祜族	200 191	3 364	601	225	9
水 族	172 212	2 752	875	283	10
东乡族	222 986	1 381	326	105	6
纳西族	140 115	6 838	2 557	1 368	59
景颇族	59 982	1 456	228	85	2
柯尔克孜族	71 038	3 046	1 316	403	6
土 族	106 099	2 432	1 791	1 142	18
达斡尔族	61 681	4 420	3 241	1 457	72
仫佬族	92 191	4 408	1 724	661	32
羌 族	134 787	5 021	1 839	592	18
布朗族	39 728	562	119	39	2
撒拉族	45 684	756	301	126	6
毛南族	46 358	2 054	623	196	8
仡佬族	23 3102	5 523	2 493	1 053	24
锡伯族	82 869	4 573	4 486	2 461	114

续表

民族名称	女性6岁及以上总人口	中专	专科	本科	研究生
阿昌族	14 777	336	70	27	1
普米族	14 912	421	114	61	1
塔吉克族	17 685	465	157	52	0
怒　族	12 431	477	297	312	0
乌孜别克族	5 306	478	297	312	7
俄罗斯族	7 670	788	717	446	8
鄂温克族	14 332	1 114	747	234	18
德昂族	7 979	101	16	3	0
保安族	7 220	149	39	11	3
裕固族	6 178	336	194	51	4
京　族	10 323	795	262	110	10
塔塔尔族	2 149	244	168	153	3
独龙族	3 431	134	35	14	1
鄂伦春族	3 936	393	244	106	9
赫哲族	2 186	216	162	85	2
门巴族	3 896	102	42	19	3
珞巴族	1 282	35	14	5	1
基诺族	9 388	410	65	24	1

资料来源：笔者根据《2000年人口普查中国民族人口资料》（上册）整理而得。

2. 整体素质偏低，难以适应现代社会发展需要

我国两亿多文盲中，70%以上是女性，其中少数民族女性占绝大多数。在少数民族中，女性文盲普遍高于其同族男性10%以上的达31个之多，其中相差比率最高竟达42.54个百分点。详细情况见下表：

表3　我国各少数民族15岁以上文盲人口男女文盲率相差10%以上状况表

民族名称	男性文盲率（%）	女性文盲率（%）	男女文盲相差百分点
回　族	11.77	23.90	12.13
藏　族	35.14	59.66	14.52
苗　族	10.74	29.51	18.77
彝　族	14.65	32.09	17.44
布依族	11.02	37.00	25.98
侗　族	4.89	17.47	12.58
白　族	5.22	16.98	11.76
土家族	5.94	18.00	12.06
哈尼族	19.52	40.62	21.10
傣　族	10.16	21.19	11.03
黎　族	6.67	17.86	10.19
傈僳族	23.87	41.79	17.92
水　族	9.34	35.72	26.38
东乡族	43.05	85.59	42.54

续表

民族名称	男性文盲率（%）	女性文盲率（%）	男女文盲相差百分点
纳西族	7.97	22.48	14.51
土　族	13.40	33.38	19.98
布朗族	15.62	31.96	16.34
撒拉族	29.40	69.80	40.40
仡佬族	8.63	29.42	20.79
阿昌族	7.17	20.10	12.93
普米族	15.82	44.58	28.76
怒　族	24.11	40.72	16.61
德昂族	15.98	26.54	10.56
保安族	36.99	75.14	38.15
裕固族	8.81	20.47	11.66
京　族	1.94	13.39	11.45
独龙族	18.66	34.48	15.82
鄂伦春族	60.10	83.26	23.16
门巴族	49.40	62.91	13.51
珞巴族	40.70	56.76	26.06

资料来源：笔者根据《2000 年人口普查中国民族人口资料》（上册）整理而得。

再结合少数民族女性6岁及6岁以上人口中接受研究生学历教育的情况来看，少数民族女性人才整体素质是偏低的，也是难以适应现代社会发展需要的。

3. 少数民族女性人才分布马太效应明显

改革开放前，少数民族女性人才通过国家工作分配，大多被集中到昆明、玉溪、曲靖等相对发达的城市中的党政部门、教育部门和医疗机构等。在云南，在市场经济条件下，民族地区经济社会发展更加不平衡，女性人才与经济发展水平之间也明显地表现出马太效应，即经济发展水平超高，经济条件越好的地区和单位越容易聚集和吸引人才；经济越落后，经济条件越差的地区和单位越容易流失人才，结果就使少数民族女性人才布局和结构本来就不合理的状态更加恶化。

4. 少数民族女性人才数量与质量与本民族教育水平状况呈正相关

相关研究资料和事实表明：哪个少数民族地区经济发展较好，其教育状况也就较好，少数民族女性受教育程度也就高，所培养的少数民族女性人才数量也就多，其整体质量也就高。在云南，像纳西族、白族、回族等少数民族女性受教育程度之所以比其他少数民族相对高一些，女性人才数量多一些，就是因为这些民族所聚居的地方经济发展相对较快，其教育发展也相应地快。

（二）少数民族女性人才资源开发现状的成因分析

由于自然地理、经济水平、教育状况、风俗习惯、传统文化以及女性特殊生理、生育、家庭抚养等多方面的原因，我国少数民族女性接受教育的年限一般普遍比同族男性少两年以上，个别则少五年以上；少数民族女性人才数量和质量状况都明显比其男性要差。影响少数民族女性人才资源开发的因素是多方面的，下面就主要说几个方面的影响因素。

1. 民族地区经济发展缓慢严重制约少数民族女性人才培养

经济不仅是教育事业的基础，而且是人才资源开发的基础。少数民族女性文盲之所以较多，其根本原因还是归根于经济发展缓慢。以云南为例，从其民族地区的 GDP、城镇居民人均可支配收入及农民人均纯收入情况就可以窥见一斑。到 2003 年底，云南民族自治地方城镇居民人均可支配收入仅 7 396 元，农民人均纯收入仅 1 470 元。这与全国其他发达地区相比，相差甚远。

2. 自然地理条件是影响少数民族女性成才的一个不可忽视的因素

以云南为例，云南是一个多山的高原省份，在 39.4 万平方公里的土地上，山地面积达 94% 之多，而少数民族又多居住在交通不便的山区（如苗族、傈僳族、景颇族、瑶族、布朗族、阿昌族、德昂族和基诺族等）、半山区（如彝族、哈尼族、佤族、拉祜族和普米族等）以及高山峡谷地带（如怒族和独龙族等），区位偏僻，生态环境恶化，自然灾害频繁，等等，这些对少数民族经济和社会发展都十分不利，对少数民族女性接受教育都有严重的影响。

3. 民族地区的教育投入还难以满足少数民族女性求学和成才需要

据调查，民族地区的失学率高于内地，其中女童失学率更高的主要原因，就在于附近无学校，无教师，无学可上。这种情况主要是由于历史、地理、经济等各方面的原因，民族地区教育投入严重不足。在这种情形下，办学条件艰难，工作环境艰苦，工资待遇不理想，教师队伍难以稳定，教师素质难以提高，教师教育教学工作的主动性、积极性和创造性都难以调动和发挥等都是非常普遍的。以独龙江乡独龙族教育为例，其教育基础设施建设严重滞后。全乡校区、校舍面积有14 681平方米，茅草房面积就占了1 280平方米。已坡中心完小，校舍已经破烂不堪，教室屋顶漏雨，窗户破烂，寒风破窗而入，学生冷冻难受；课桌不足，学生只能蹲在地上听课。

4. 一些观念和习俗对少数民族女性成才不利

目前，在少数民族女性中，“男强女弱”、“男尊女卑”、“男主外女主内”等传统观念依然存在，这些观念影响父母对女性的教育投入，所以在民族地区也存在着重视对男孩子的教育，积极培养男孩子成才，对女孩子就不那么热情和有耐心的现象。他们认为，送女娃读书是白培养，帮别人培养，长大了要嫁出去，划不来，等等。这些思想和观念是很不利于少数民族女性成才的。

在一些民族地区，还存在着青少年男女早婚的现象，如藏族、回族等。如果女孩子不早点结婚，在当地会被亲朋好友看不起，今后在本地生活会遭遇诸如社会舆论等方面所带来的各种麻烦。青少年是接受学校教育为将来成才打基础的大好时机，然而，一些少数民族地区女性因早婚成家履行妻子、母亲的责任和义务，而错失人生求学良机。一句话，这种早婚习俗在一定程度上影响了少数民族女性人才资源开发。

5. 一些人为的做法对少数民族女性成才不利

我国计划经济时代的二元城乡结构中的“户籍制度”，以及当今社会招聘单位的性别取向规定、性别限制等，都严重影响着少数民族女性人才的培养。在这种还存在性别歧视的环境里，绝大多数少数民族女性自然而然地被限制和主要集中在农业部门就业了。也难怪，在少数民族地区，“听天由命地接受社会对自己的角色定位，在社会上主要从事农业生产等基础性和辅助性的低层次工作，在家里主要扮演养儿育女，操持家务的母亲角色十分普遍”①。

二、开发少数民族女性人才资源的理论和现实意义

（一）开发少数民族女性人才资源是少数民族地区脱贫致富的重要途径

由于地理条件、历史等各方面的原因，少数民族地区经济与社会发展相对而言缓慢，贫困是不少民族地区的普遍现象。像云南德昂族、基诺族、独龙族、布朗族、阿昌族、普米族、怒族等人口较少的少数民族，不仅贫困面大，而且贫困程度深，绝对贫困人口多，有的还呈现出少数民族的整体性贫困。虽然我们党和国家近年来千方百计地支援和帮助少数民族脱贫致富，并且取得了举世瞩目的可喜成绩，但形势依然严峻。

从云南扶贫工作实践来看，从智力扶贫和教育入手，效果要明显好得多，并且能够从根本上解决问题，能够使一些少数民族地区存在的“要我脱贫”、“要我致富”逐渐转化为“我要脱贫”、“我要致富”。不然，像过去那样一段时期内采取给钱、捐赠衣物和送吃的东西等方式去扶贫，只能解决几天或几个月的贫困生活，而不能从根本上解决贫困问题。

云南民族地区的扶贫实践也证明，培养一个少数民族女大学生不仅可以防止其自身贫困、愚昧，还且可以防止其下一代、下几代贫困和愚昧“可持续发展”的问题，比培养一个男性少数民族大学生在某种程度上说其意义和作用要大得多。这些正如阿尔及利亚一位教育改革家指出的：“培养一个男孩子，只是培养

① 赵丽珍：《少数民族女性人才资源开发策略思考》，载《云南民族大学学报（哲学社会科学版）》2004 第 6 期。

了一个人，而培养一个女孩子，则关系到一个民族。”

中国社会科学院的有关研究表明，在女性中普及小学教育，可以在未来的15年内减少出生1 800万左右的人口，每年将节省数百亿的生活资料。

由此看来，大力开发少数民族女性人才资源有利于减少民族地区的生活资料开支，从而为脱贫致富创造有利条件。

（二）开发少数民族女性人才资源有利于计划生育基本国策的落实和贯彻

少数民族女性在生育和繁衍后代方面承担着特殊的职能，在历史上为少数民族的繁衍建立了不可磨灭的功勋。随着经济和社会的发展，少数民族优生优育，对下一代性别的选择与认同等方面都与少数民族女性人才资源开发相关连。一般地说，女性受教育的程度往往影响其初婚的年龄、生育子女的数量、养育后代的质量和对下一代的性别偏好。不少研究表明，女性的保健和生育控制能力与其受教育状况成正比，女性的健康和文化程度越高，就越能掌握保健与生育控制的知识和技术。大量的研究成果还表明，女性生育率下降在很大程度上是由于女性受教育程度提高引起的。我国历次人口普查和人口抽查调查的资料也说明了女性文化程度与生育水平之间存在着密切的负相关。由此可见，开发少数民族女性人才资源，有利于国家计划生育基础国策在少数民族地区的有效贯彻落实。

（三）开发少数民族女性人才资源有利于顺利实现少数民族地区全面建设小康社会的各项任务

我国当前正建设的全面小康社会是“经济更加发展，民族更加健全，科教更加进步，文化更加繁荣，人民生活更加殷实”的以人为本的全面协调、和谐、可持续发展的小康社会，也就是说是物质文明、政治文明、精神文明和生态文明全面协调可持续发展的和谐社会。然而，目前我国的小康社会还处于低水平、不平衡、不全面的状态。开发少数民族女性人才资源则有利于促进少数民族地区“四个文明”与和谐社会的建设和发展。

1. 开发少数民族女性人才资源有利于推动民族地区物质文明建设

当前，少数民族的工作中心也还是以经济建设为中心，在“四个文明”建设中表现为物质文明建设。“妇女是半边天”，是民族地区经济建设中的一支不可缺少的生力军。以云南为例，云南少数民族女性人才是发展云南绿色经济，建设民族文化大省，建设中国连接东南亚、南亚的国际大通道的重要力量，在现代化农业、旅游业、对外开放等方面为少数民族地区的经济社会发展作出了重要贡献。总之，没有少数民族女性人才的参与，民族地区的经济建设是不可想象的。随着市场经济在少数民族地区纵深发展，市场引发的产业结构调整成为目前民族地区经济建设中的一个重要问题。如何解决少数民族女性大量从滞留于第一产业转到第二产业、第三产业，这需要通过培养和教育让少数民族女性掌握更多的文化和科技知识，从而推动民族地区生产力的发展和经济建设的顺利进行。

2. 开发少数民族女性人才资源有助于促进少数民族地区政治文明和精神文明建设

培养少数民族女性人才有利于提高少数民族女性积极的政治意识和参政议政的能力，从而推动少数民族民主政治建设。在精神文明建设中，培养少数民族女性人才有利于少数民族自觉抵制各种腐朽思想的侵蚀；在培养下一代教育中，少数民族女性也具有举足轻重的作用。毫无疑问，开发少数民族女性人才能够推动少数民族地区精神文明建设的发展。

3. 开发少数民族女性人才资源有利于民族地区生态文明与和谐社会建设

全面建设小康社会，加快推进社会主义现代化，必须增强可持续发展能力，改善生态环境，提高资源利用率，促进人与自然和谐相处。少数民族女性对民族地区的生态环境的影响起着至关重要的作用。因为她们往往是少数民族家庭日常生活的主要管理者、重要消费者。这决定了她们是保护、拯救生态环境和推进生态文明建设的生力军和主力之一。无数事实表明，培养少数民族女性人才，可以改变少数民族一些不利于生态文明建设的传统态度和观念，继承和发扬一些爱护自然和生态的优良传统和作用，并且可以提高其改善生活和保护环境方面的素质和能力。

和谐社会是各方面协调的社会，其中自然包括两性各方面的协调，如性别比例协调，两性文化水平相差不很悬殊等。如果少数民族男性受教育程度和文化水平远远高于其女性，那么可以说少数民族两性之间还存在不协调因素，这不利于和谐两性世界和民族地区社会主义和谐社会的构建。

总而言之，少数民族女性人才是推进全面建设小康社会事业的重要力量，是构建民族地区社会主义和谐社会的重要因素；开发少数民族女性人才资源是一件利国利民利族又利于少数民族女性个人的大好事，一举多得，何乐而不为。

三、以优先发展少数民族教育为基础，关爱少数民族女性人才资源开发

（一）加大宣传力度，不断地改变不适时宜的思想和观念

据笔者在一些民族地区的了解，“重男轻女”、“男尊女卑”、“女性是弱者”、“女不如男”、“女性依附于男性”、“女儿如泼

出的水”等这些不适时宜的思想和观念依然严重。这些观念不利于少数民族女性人才资源的开发。基于这种现状，我们党和政府的宣传部门有必要加强宣传力度，可以通过电视、广播、报刊、杂志、互联网等多种手段和媒体进行男女平等宣传。

（二）增加教育投入，搞好基础教育

不少民族地区“普六”、“普九”问题还没有完全得到解决，其中一个重要原因就是学校基础设施严重滞后，教育队伍的稳定因工资待遇、工作条件等而难以保证。由于大部分民族地区自身经济发展能力在市场经济条件下非常有限，国家和政府应再进一步加大对民族地区的教育投入，这关系到提高整个中华民族素质和民族地区全面建设小康社会的大问题。

2000 年，云南省对边境少数民族地区的 25 个县（市）实行免费义务制普及教育。笔者认为，这是一大好事，但基于“百年大计，教育为本”，应在国家的直接或间接支援下扩大到所有的经济发展相对缓慢的民族地区。

当然，在发展经济的前提下，优先发展教育的少数民族也不乏其例。如云南省个旧市最大的回族聚居区沙甸。沙甸区委、区公所在发展经济的同时，十分重视教育事业，坚持优先发展教育，不断改善教育、教学环境，把区公所的财政收入最大限度地投入教育事业，同时积极向社会多方筹集资金，动员社会力量捐资助教。区财政每年教育经费的“刚性”支出占区财政“刚性”支出的 70% 左右，从 1992 年到今共计支出 6 276 万元。至 1999 年，全区 1 所中学 6 所小学全部重建了宽敞明亮、舒适的教室，共投入建设资金 497 万元。从 1992 年开始对全区中小学生实行全免或部分免费教育，投入困难学生补助金 56 万元。为全区教师全部解决了住房问题，建住房 13 092 平方米，补贴资金 369. 8 万元。1998 年以来又投资 228 万多元实施安居工程，给 111 户教职工建盖了环境良好的宿舍。现普及十二年义务教育的目标已经列入区委、区公所的议事日程。也难怪，沙甸地区的女性受教育程度普遍比其他一些民族地区要高得多，这也为沙甸女性人才资源开发奠定了坚实的基础。①

总之，只有把少数民族经济搞上去，才能为民族地区教育事业的发展奠定良好的物质基础。经济是教育事业的基础，发展是解决少数民族女性人才资源开发的硬道理。

（三）在民族地区因地制宜地开办好技术职业女校和女性培训基地

我国目前虽然有1 000多所中等女子职业学校，近10所女子高等职业学校，但是还没有一所专门为少数民族女性建立的技术职业学校。已有的技术职业学校可以灵活地开设专业和课程。如针对少数民族地区农村生产的特点，对一些地方可以采取农忙休学，农闲开学；可以传授一些畜牧、防疫、饲养、果树栽培、刺绣、毛衣编织、缝纫等实用技术，让她们在技术职业学校就可以学到有关家庭经营项目操作等方面的技能。

总之，为少数民族女性开办技术职业教育学校，有利于提高她们参与社会经济发展的积极性、主动性和创造性，有利于消除性别歧视和民族歧视心理，从而贯彻落实男女平等的基本国策。

（四）完善民族地区的高等教育，积极为少数民族女性人才培养创造更好的条件

高等院校是人才培养的主要阵地。我国少数民族地区的高等院校为少数民族培养了大量的女性人才。但与东部其他地区的高

① 参考格桑顿珠、纳麒主编《云南民族地区发展报告2003—2004》，云南大学出版社，2004年版，第113页。

校相比，不论从发展速度，还是从培养质量等方面，都不尽如人意，并且还普遍存在以下两种现象。一是普遍存在“大一统”或“一刀切”现象。也即按统一的教学大纲和专业课程等对之进行培养和教育，而不管少数民族女性学生毕业后是否适应少数民族地区的经济和社会发展的实际需要。在我国现阶段，由于多方面的原因，少数女性大学生大多还是选择回民族地区工作，基于这一现实，我国高校，特别是民族地区的高校应努力办出地方特色，千方百计地根据民族地区经济和社会发展的实际需要来开设专业和课程。二是普遍存在少数民族男性学生远远多于女性学生的现象。一般地说来，少数民族女性因自然条件、经济、教育、生理、传统思想和观念等各方面的因素，其受教育机会比其男性要少一些，成才之路远比少数民族男性要艰辛得多。在此，对少数民族考生实行优惠招生条件的同时，是不是可以在此基础之上再对少数民族女性考生实行更为宽松的优惠政策？如在高考中，有的少数民族考生低20分录取，那么少数民族女性考生可以比其男性再低5~10分。笔者认为完全可以，这样一方面可以更有利于促进少数民族对女性教育的投入，另一方面更有利于更多的少数民族女性成才。

（五）设立少数民族女性人才资源开发专项基金，特别关爱少数民族女性人才培养

改革开放以来，党和政府越来越重视少数民族女性人才培养，在民族地区实施“希望工程”、“阳光工程”、“春蕾计划”、“富民兴边行动”等，对民族地区来说，救助了大批失学女童，对少数民族女性人才培养起到了积极的巨大的促进作用。经笔者调查认为，在目前的情况下制定专项关爱少数民族女性发展的法律法规或者条例，设立专项少数民族女性人才培养和教育经费，能够较长远地保证少数民族女性人才的成长，能够从整体保证少数民族女性人才资源的有效开发和利用。基于少数民族女性人才资源开发的重要性和紧迫性，党和政府在优先发展少数民族地区教育的同时，号召其他发达地区社会组织和个人都来关爱少数民族女性人才资源开发，设立少数民族女性人才培养专项基金，推行“一村一个女大学生计划”、“一族一个女大学生计划”、“女性人才培养一对一对口援助”等。

第六节　以举办民族节日庆典活动为良机，扶持少数民族“草根人才”资源开发[①]

“‘草根人才’是一个庞大群体，是一个国家和地区人才队伍的主体。”过去，我们民族地区比较重视高级人才资源的开发，忽视或轻视中级和低级人才资源的开发的现象比较普遍。对策六就是以举办民族节日为视点，试探讨“坚持‘因族举措’原则，根据每个少数民族自身特殊的‘族情’，不同的民族，实行不同的开发策略”思路的可行性。

一、民族节日庆典活动是少数民族“草根人才”资源开发的良机

（一）少数民族节日文化活动丰富多彩

根据1993年知识出版社出版的高占祥主编的《中国民族节

① 参见曾豪杰著《浅谈少数民族“草根人才”资源开发》，载《科协论坛》2008年第9期。

日大全》和职工教育出版社出版的《中国民间节日文化辞典》等著作的统计，我国56个民族从古到今的节日大约有1 700多个，其中汉族的传统节日有500个左右，少数民族传统节日共计有1 200多个。

以云南为例，云南少数民族众多，民族节日也很多，大大小小约有400个，有的民族除了大的共同的节日外，不同的支系又有不同的节日。比较出名的有：大理白族农历三月十五日“三月街”，举行赛马、龙舟竞渡、歌舞等活动；四月二十三日“绕三灵”，有绕山、祭祀、跳霸王鞭、跳八角鼓舞等活动。昆明等地回族回历十月一日“开斋节”，举行礼拜、赠“油香”活动；回历十二月“古尔邦节”，举行团拜、宰牛羊等活动。大姚、双江彝族二月初八“插花节”，举行摘马缨花、插花、跳“左脚舞”等活动；石林、楚雄、大理彝族、白族等六月二十四日或六月二十五日“火把节”，举行点火把、摔跤斗牛、歌舞等活动。怒江傈僳族腊月或正月上旬“赛歌会”，举行赛歌、沐浴活动。屏边、永善拉祜族正月初三“阔时节”，举行对歌、跳芦笙舞、爬花杆活动。丽江纳西族七月中旬“七月会”，举行大牲畜交易、对歌等活动；正月十五日“棒棒令节”，举行赛马、竹木农具交易等活动；二月初八“三朵节”，举行赛马、跳“阿哩哩”、野餐等活动。西双版纳、德宏傣族公历4月中旬“泼水节”，举行泼水、丢包、放高升、赛龙舟等活动。潞西、陇川景颇族正月十五日“目脑纵歌”，举行纵歌、跳文崩舞等活动。怒江、德宏阿昌族九月十五日“会街节”，举行耍青龙、耍白象、跳象脚鼓舞等活动。西双版纳基诺族插种前（三月）“特懋克节”，举行跳鼓舞、跳竹竿舞、打陀螺等活动。墨江哈尼族正月初一“扎哩节”，举行祭祀、荡秋千、对歌、宴请等活动；红河哈尼族六月“苦扎扎节”，举行对歌、跳舞、祭天神、打磨秋活动。文山、红河瑶族五月二十九日“盘王节”，举行祭祀、歌舞等活动。富宁壮族三月间“陇端街”，举行物资交流、青年男女对歌社交等活动。贡山独龙族腊月“卡雀哇节”，举行剽牛、祭天、跳锅庄舞、互邀做客等活动。迪庆藏族五月初五端阳节，举行赛马、跳锅庄舞、跳弦子舞、野餐等活动。富源水族、七月上旬、八月下旬“端节”，举行铜鼓舞、对歌、寻偶等活动。罗平、富源布依族四月初八“牛王节”，举行吃牛王粑、给牛散食、歌舞等活动。宁蒗普米族五月初五“转山会”，举行转山、歌舞、鸣枪等活动。其实，几乎每个民族节日，都是一次狂欢活动，每一次聚会，都是民族团结的联欢，对于外地游客来说，这也正是了解少数民族风情习俗、到少数民族地区观光旅游的好时机，还是少数民族进行经济活动的一个重要时机。

总之，云南是多民族省份，几乎每个少数民族都有自己的节日，少数民族节日文化丰富多彩。节日期间是各种民俗文化活动的集中展演时期，这不仅给少数民族群众带来了丰厚的经济利益，而且带动了大批少数民族文化创作、表演、宣传、管理、旅游、企业经营管理、民族工艺品制作等方面人才的培养和开发，所以我们要抓住少数民族举办民族节日庆典活动的良机，搞好少数民族“草根人才”资源的开发。

（二）民族节日庆典活动是少数民族“草根人才”资源开发的天然良机

1.“草根人才”的含义和地位

“所谓‘草根人才’就是指相对于高层次拔尖型人才而言的中低层次实战型人才。既包括部分党政人才、专业技术人才和企业经济管理人才，又包括农村实用人才和技能型操作人才，还包括尚未就业的大中专毕业生和部分社会自由职业者。‘草根人才’是一个庞大群体，是一个国家和地区人才队伍的主体。”①所谓“少数民族草根人才”就是指具有少数民族身份的“草根人才”。

2. 民族节日庆典活动的举办需要各类人才为之服务

民族传统节日不仅是民族文化异彩纷呈的表现，也是民族地区文化经济组合唱戏的舞台，同时还是广大少数民族人民进行物质和精神交流的场所，与人民群众的生产生活息息相关，并融入人们的生产生活之中。少数民族节日是少数民族群众汇集一起进行物资交流的重要平台，也是少数民族群众载歌载舞，开展各种各样文体娱乐活动的重要时机。

少数民族节日中的各种传统艺术，以其诱人的魅力吸引着千百万人，给人以美的享受。民族节日犹如一座民间文化艺术大熔炉，不但冶炼了许多优秀的舞蹈、乐曲和歌谣，而且造就出千千万万民间歌手、舞蹈家和其他艺术家。正因如此，我们应高度重视少数民族的传统节日，使之成为少数民族“草根人才”资源开发的良好时机。

时至今日，在市场经济的条件下，大多数民族节日的举办不再是其传统意义上纪念、庆祝等活动，而已经深深地打上市场经济的烙印。如许多少数民族节日之日，除了一些传统意义上的庆祝、纪念等活动内容之外，还有不少商贸活动。这样，一个少数民族节日的举办，除了少数民族群众的自发参与之外，还需要各种各样的人才为之增光添彩。如需要党政人才进行组织和保驾护航，需要各种艺术人才、表演人才、文学人才为之增光添彩，需要经营管理人才来为之呐喊助威。

---

① 苏艳文：《盘活“草根人才”：经济欠发达地区人才资源开发的基点》，载《中国人才》2005 年 2 月上半月刊。

二、开发少数民族“草根人才”资源具有重要意义

开发少数民族“草根人才”资源是开发少数民族人才资源的一个重要组成部分，对少数民族政治、经济、文化和社会等各方面的发展都具有十分重要的意义。

（一）“草根人才”资源是少数民族全面建设小康社会的重要资源

进入20世纪，我国经济和社会发展已经基本解决了温饱问题，达到小康水平，但我国小康水平还只是低水平、不全面、不平衡的小康水平。在民族地区更是如此，有的甚至连温饱问题还没有得到很好的解决。以云南为例，由于历史、地理等各方面的原因，民族地区经济发展水平与其他地区相比差距仍然很大。2004年，云南省人均GDP为5 179元，民族自治地方仅为3 882元，相差1 297元；人均地方财政收入480元，民族自治地方仅为274元，相差206元；云南省农民人均纯收入1 609元，全国农民人均纯收入2 476元，民族自治地方仅为1 455元，与全省相差154元，与全国相差1 021元。还有，云南省现有73个国家扶贫开发重点县中，属于民族自治地方的有55个县，占75%。[①] 由此可见，贫困问题在少数民族地区依然十分严重；少数民族地区全面建设小康社会还任重道远。

人才往往聚集于交通发达、生活方便、经济富裕的地方，贫困地区“高精尖”人才相对而言要少得多，吸纳高级人才的能力也相对弱得多。然而，“小康大业，人才为本”，没有大量的

① 根据《云南经济统计年鉴2004》与《中国经济年鉴2004》相关资料整理而得。

人才，民族地区要实现脱贫致富和跨越发展以及全面建设小康社会难度较大。在民族地区，培养和引进高级人才很困难，基于这种情况，只有先大力开发少数民族的初、中级人才资源，也即“草根人才”资源。由此可见，“草根人才”资源是少数民族全面建设社会的重要资源。

（二）“草根人才”是民族地区构建社会主义和谐社会的重要力量

当前，影响民族地区团结、边疆稳定的因素还比较多，诸如贫困、发展缓慢、自然灾害、境外宗教渗透势力、境内极端宗教势力、地方狭隘民族主义和大汉族主义等，并且这些影响少数民族构建社会主义和谐社会的因素还具有复杂性、长期性，所以我们不能掉以轻心。解决这些影响因素的方法和手段也是多种多样的。从人才角度来看，开发少数民族“草根人才”资源是一个行之有效的好方法，毕竟“草根人才”是少数民族民众的成员，是少数民族经济建设的一支重要力量。

少数民族的“草根人才”，像基层少数民族党政人才、宗教人才以及一些文化艺术人才，往往是少数民族的象征，是少数民族群众心中的核心或领袖人物，他们的言行对少数民族的团结十分重要。他们的素质和能力高低对民族地区的和谐起着至关重要的作用。因此，我们应十分重视这些“草根人才”的培养和教育，使他们能为构建少数民族地区社会主义和谐社会作出更大贡献，为少数民族地区和边疆地区的稳定和团结起到更大的作用。

（三）“草根人才”是少数民族节日庆典活动的重要组织者和参与者

我国少数民族节日庆典活动是丰富多彩的，其目的和性质也各不相同。有的是以宗教信仰为主题的祈祷节日，像回族、维吾尔族、哈萨克族、柯尔克孜族、东乡族、撒拉族、塔塔尔族、塔吉克族、乌孜别克族、保安族等10个少数民族的“古尔邦节”、“开斋节”，藏族的“祈祷大法会”、“拉楞寺大法会”、“晒佛节”、“塔尔寺灯节”，傣族的“献经节”、“敬塔节”等都源于宗教。这些带宗教色彩的少数民族节日需要不少宗教人才去为之服务。有的少数民族节日活动中宗教色彩浓厚，宗教教职人员的地位和作用往往在这特殊的民族节日中十分重要和突出，他们的素质和水平决定着少数民族节日活动的水平，往往成为少数民族节日活动的象征。于是，开发这些初、中级宗教人才有利于团结少数民族群众搞好节日活动，有利于继承和发展少数民族特有的民族文化。有的是以文体活动为主题的社交娱乐日。我国的各少数民族大多能歌善舞，有着广泛的文体活动爱好，在长期的历史发展过程中形成了众多的社交娱乐节日，如满族的“鞭春”，蒙古族的“那达慕大会”，藏族的“藏历年”，达斡尔族的“抹庆节”，彝族的“梅花节”，苗族的“姐妹节”，侗族的“花炮节”，白族的“三月街”，壮族的“三月三”，等等。有的少数民族节日活动中，歌舞表演活动也多，这些能歌善舞者不仅给民族节日增添了喜庆气氛，而且给外地游人以文化娱乐享受。提高参加少数民族节日表演者的水平有利于把民族节日文化做大做强，并且可持续地发展下去，而不致于给人“年年一样”的感觉。有的少数民族节日活动期间，商贸活动活跃，如纳西族的“三朵节”、壮族的“三月三”等，为了大力发展其商业活动，需要培养大量的少数民族经营管理人才，来推动少数民族节日活动中的商贸事业，以增加少数民族的经济收入，也需要培养一大批少数民族手工艺品加工人才，以便能够在少数民族节日期间为外地游人提供更多、更精彩、更具有民族特色的手工艺品。

综上所述，“草根人才”是少数民族节日活动的重要参与者和组织者，开发少数民族“草根人才”资源是少数民族举办民族节日庆典活动的需要。

三、以举办民族节日庆典活动为良机，扶持少数民族“草根人才”资源开发

（一）转变观念，高度重视

自改革开放以来，在很长的一段时期内，甚至在现在，不少民族地区存在“外边的和尚念经灵”、“外面引进的人才比本地人才更有用”的思想，以及“重引进人才，忽视本族人才培养”、“重物轻人”等现象，对引进外资、引进项目、引进人才的积极性非常高，但相比之下过分忽视或轻视民族地区“草根人才”的培养和开发。因此，民族地区的党政干部要特别注意转变观念，毕竟民族地区的经济和社会发展主要依靠力量还是少数民族本族的群众和本民族的各级各类“草根人才”。所以，民族地区要高度重视本民族的“草根人才”资源的开发。

（二）建立组织，加强领导

众所周知，有些少数民族的民族节日活动自古以来就带有商贸活动项目，尤其是在经济全球化和社会主义市场经济背景下，随着文化旅游的发展，参与少数民族的民族节日活动已经越来越成为游客们的向往，各种各样的经济活动也随之扩大，为了保持少数民族节日活动的原汁原味，为了提升其品质，形成新的特色，笔者认为，不论是少数民族民众自发也好，还是当地政府自觉组织也好，还是需要建立一定的组织来训练和培养，以便不断地创新，给游客们留下难忘的美好记忆，让他们回去向其亲朋好友作真实的宣传，带来更多的游客和财源。总之，要对各类

“草根人才”加强领导，建立组织对其在民族节日庆典活动期间的各项活动加强管理。

（三）重视教育，加强学习

据笔者观察和了解发现，目前，许多参与少数民族节日庆典活动的艺术表演者，很少经过专门的培训和进修，他们的表演艺术等技能大多是靠祖传或者师傅传授的。随着人们欣赏水平的提高，文化的口味需求开始升级和多元化，笔者认为少数民族有必要组织各类培训机构，或者委托一些高等学校和专门教育培训机构为其民族节日活动的举办所需的一些人才进行专业化培训，提高这些“草根人才”的素质与能力，以便能够提供更多更好更精彩的表演等艺术新产品给世人，让民族节日庆典活动越办越红火。

（四）组织交流，共同进步

无数事实表明：闭关自守导致落后，落后就要挨打。况且当今世界是开放性的世界，不同的民族在经济、文化等各方面需要相互学习，相互借鉴。为此，笔者认为有必要组织各民族的“草根人才”进行交流学习。一来可以增加“草根人才”的见识，提高他们的自身素质和能力。二来可以提升本民族的民族节日庆典活动的水平和档次。三来可以促进团结互助、和谐友好的民族关系的形成和发展，使各民族共同繁荣富强。

（五）设立基金，表彰优秀

人才资源的开发是需要相关激励机制与之相适应的。民族地区“草根人才”资源的开发也不例外。少数民族“草根人才”在其民族节日庆典活动中的才华表现，在精神上需要群众尊重其创造性劳动，肯定其活动成绩；在物质上需要得到适当的鼓励，毕竟他们的各项活动是有成本的，他们的才能的形成是有前期投人的。因此，我们可以在国家的大力支持下设立少数民族节日庆典活动专项基金，对在少数民族的民族节日庆典活动中表现较好和成绩突出的“草根人才”颁发荣誉证书和给予适当的奖金，以资鼓励。这样一来，既可以促进现有的“草根人才”不断创新，再接再厉，又可以带动潜在的“草根人才”积极向上，早日成才。

第六章　对云南红河州哈尼族人才资源开发的实证分析

第一节　红河州哈尼族人才资源开发实证分析基本说明

一、云南哈尼族的形成及其启示①

（一）族群分化：哈尼族诞生

哈尼族与彝族、拉祜族、纳西族同源于古代氐羌族群。简单地说，古代氐羌族群的分化导致哈尼族的诞生。

“云南哈尼族大部分源于南北朝至唐朝初的民族分化组合过程中，从僰（bo）、叟、昆明等族中分化出来的‘和蛮’”。②

“哈尼人种诞生在‘努玛阿美地方’。”③“努玛阿美”是哈尼族传说中的地名，是今天居住于哀牢山区的几乎所有不同支系的哈尼族共同认定的古老家园，那是遥远的北方一条江边的美丽的平原，也即公元前3世纪“和夷”所居的大渡河之南、雅砻

① 参见曾豪杰著《浅谈云南哈尼族的形成及其启示》，载《沧桑》2008年第2期。

② 黄巧碧：《红河州哈尼族的族源与迁徙》，载《云南档案》2005年第2期，第13页。

③ 毛佑全：《哈尼族文化初探》，云南民族出版社，1991年版，第8页脚注。

江之东及安宁河所源出的连三海周围，也即现在大渡河与金沙江交汇的地区。

（二）频繁南迁：哈尼族从游牧群体变为游耕民族

人口的繁衍、生产的发展、阶级的分化、民族的压迫、疫病的流行以及对生活的追求等多种因素导致哈尼族不断地频繁南迁。哈尼族的古代历史，实际上就是一部漫长曲折的迁徙史。

古代羌族原游牧于青藏高原。公元前 3 世纪（秦献公时，前 384 至前 362 年）秦朝势力迅速扩张，进行大规模征服邻近部落的活动，居住于青藏高原的古羌人游牧群体受到攻击，不得不从遥远的北方往南方流散迁徙。

哈尼族不仅在定居大渡河畔之前有过“逐水草迁徙”的游牧生涯，而且定居农耕之后又因战争等原因被迫离开古老的农耕定居地而再度迁徙，自隋唐时期迁徙进入云南亚热带哀牢山与蒙乐山一带。

“因频繁的战争，哈尼先民被迫离开滇中腹地，南迁进居红河南岸的哀牢山。在频繁的南迁过程中，民族内部结构不断发生变化，或同源异流，部分成员的血缘纽带逐渐松弛，以致融合于其他民族中。如清代后期，六诏山一带大部分哈民族便融合进当地的其他民族中，剩者逐步迁入哀牢山区，与当地原居哈尼族聚合，散居于哈尼族地区的其他民族的部分成员，也先后融合进哈尼族中。现今绿春一带自称‘哈欧’的，原为文山、广南等地的壮族，宋朝时侬智高起义失败后融入哈尼族。至今老人们还认为自己是‘侬人’之后。”①

① 黄巧碧：《红河州哈尼族的族源与迁徙》，载《云南档案》2005 年第 2 期，第 14 页。

哈尼族经历了漫长而曲折的往南迁徙和从事不定期游耕农业，从而使哈尼族从游牧群体变为游耕民族。不过，哈尼族从事的这种迁徙游耕农业使其具有了较强的农耕环境适应性和包容性，创造性地把游耕农业从古老的定居农业中发展出来，又为走向更高层次的定居农业——梯田农业打下了坚实的经验和技能。

（三）哀牢定居：哈尼族从游耕民族发展为梯田民族

游耕农业形态与迁徙不定极不稳定的初期阶级社会形态相适应。游耕农业的内容较为复杂，耕作方式往往因迁徙之地而定。不过，游耕农业因迁徙而具有较强适应性。游耕农业的特征是，居无定处，每到一地，毁林开荒，打塘点种。游耕农业民族大多采用刀耕火种耕作方式，也即流动的刀耕火种农业。哈尼族也就是在长期的迁徙过程中积累了游耕农业经验和技能。但是值得注意的是，哈尼族在由北而南迁徙的过程中，由于其农耕文化情结，他们总是寻找适宜农耕的坝子居住。云南的坝子是最早的被开发的农业区，早有原住民居住，因此迁徙而来的哈尼族难以在此长久定居，但在这些曾经居住过的坝子中哈尼族吸收了丰富的平坝农耕经验和技术。

哈尼族隋唐时期进入云南亚热带哀牢山区。这里是被中原人视为“千里赤地，瘴疠流行，野兽出没，人迹罕至”的“化外蛮荒之地”。但对哈尼族来说，则是最好的避难所，使哈尼族得以长期定居下来，并由游耕民族发展成为梯田民族。

哈尼族凭借其在游耕农业中积累的丰富农耕经验和技能，依据云南亚热带大山原地理环境和哀牢山区“山有多高，水有多深”的特殊地貌、气候、植被、水土等立体性特征，使用流动的刀耕火种农业技术创造出与自然生态系统相适应的良性农业生态循环系统，也即梯田农业。这正是“从事迁徙游耕农业区的民族，在迁徙前已从事定居农业，有着丰富的农耕经验和技能，因而游耕民族一旦再度定居从事农业，其发展就极为迅速，甚至会出现农业的创造性奇迹”①。

（四）迁徙交往：哈尼族从聚居民族成为散居民族

哈尼族主体自从迁入哀牢山区后，其他哈尼族继续流散迁徙，其基本方向仍然是向南，于是在普洱、西双版纳等地乃至东南亚诸国的北部山区都有哈尼族分布。“清代，金平、绿春的哈尼人还越境迁入越南，老挝和缅甸也有哈尼人迁入，而迁入缅甸的哈尼人，二战时由于日军的入侵，又再次迁入泰国。”

迁徙进入哀牢山区的哈尼族，由于人口众多，定居稳固，将平坝农耕移入深山，创造出了梯田农业以及独特的梯田农业文化；而其他由于继续迁徙而散居分布于其他民族居住地的哈尼族，由于定居较晚和环境的原因，更多地从事着山地农业，有的则保留着刀耕火种农业，他们的文化也更容易受到其他民族的影响。

从云南哈尼族的形成过程来看，笔者认为有两个重要的启示值得我们注意。

1. 少数民族的形成往往有其特定的历史背景和地理原因

（1）特定的历史背景导致民族间不断地融合和分化。哈尼族就是因为古羌人受到战争威胁分化而成。进入云南后的哈尼族人有的融入其他民族，当然，也有当地其他民族融入哈尼族。

（2）在我国古代，特定的历史因素导致民族不断地迁徙。例如，哈尼族因为战乱和与定居民族交往的矛盾等原因，为了谋

① 王清华著：《梯田文化论》，云南大学出版社，1999年版，第34页。

求整个民族的生存和发展，哈尼族祖先不得不频繁地从北往南迁，寻找安居乐业的理想家园。

（3）特定的地理环境导致特殊的民族经济和文化形式的产生和发展。譬如，哈尼族定居哀牢山区后，凭借红河和哀牢山天然屏障长期定居，也因此创造出了蔚为壮观的梯田和举世闻名的梯田文化。

2. 特定的历史背景和地理原因等因素使少数民族在文化、心理、思维方式等方面与汉族不同

正是由于特定的历史背景、历史因素、地理环境等，各少数民族在各自的发展历史、文化传统、风俗习惯、地理环境、经济现状、教育水平、民族心理、民族个性等方面具有与其他民族，特别是人数多的民族，如汉族，具有许多不同的地方和特殊性。如，有的民族好战，有的民族喜欢睦邻友好；有的民族自信心强，有的民族自信心不强。哈尼族经过漫长而艰辛的频繁迁徙和大山大河的封闭，其自信心自然而然受到影响，表现出比较温和不好战，也表现出不太自信。这一点我们不仅可以从实际的田野调查工作中感受得到，而且还可以从哈尼学研究专家们的著作中看出。哈尼学研究专家王清华老师在《凝视山神的脸谱》中就这样记载道："哈尼族认为，人降生于世就是来吃苦的，幸福是死了以后的事情。"[①]正因如此，在许多方面，我们一定要注意落实好胡锦涛同志提出的对于民族工作要坚持"因族举措"原则。譬如，在各少数民族人才资源开发的过程中，有必要根据各少数民族的民族心理、民族个性等来选择其适当的开发途径、措施和战略等，或者说需要坚持因族开发，而不能搞"大一统"

① 王清华著/摄影：《凝视山神的脸谱——神奇的红河哈尼族梯田文化》，民族出版社，2006年版，第212页。

或“一刀切”。

二、哈尼族发展现状概况

（一）哈尼族名称概说

国外哈尼族一般称“阿卡”；国内哈尼族的自称和历史名称很多，不过其音义基本一致。主要自称有哈尼、豪尼、黑尼、和泥等。历史名称有和夷、和蛮、和泥、禾泥、窝泥、斡泥、俄泥、阿泥、哈尼等。但不论自称中的哈、豪、黑、和等，还是历史名称中的禾、窝、斡、俄、阿、哈等都从“和”音，其义为“和人”。“解放后，根据哈尼族大多数人的意见，以人数最多自称‘哈尼’为本民族统一的名称。”[①]

（二）哈尼族语言文字概述

“哈尼语属汉藏语系藏缅语族彝语支。内部又分为哈（尼）、僾（尼）、碧（约）、卡（多）、豪（尼）、白（宏）方言和若干土语。”[②] 由于自然、社会、历史等各方面原因，哈尼族没有本民族文字，历史上也不曾使用过其他民族的文字。“1957年，人民政府为哈尼族创造了以拉丁字母为基础的文字。”[③] 其历史及文化主要靠言传身教和口耳相传。不过，其特殊文化阶层通过专

---

① 黄巧碧：《红河州哈尼族的族源与迁徙》，载《云南档案》2005年第2期，第13页。

② 王文光著：《中国古代的民族识别》，云南大学出版社，1997年版，第307页。

③ 王文光著：《中国古代的民族识别》，云南大学出版社，1997年版，第307页。

门性的传承人摩匹[①]师徒采用连名制[②]、歌词连名[③]记忆系统来使其民族历史和文化世代沿袭，功不可没。

（三）哈尼族分布简介

云南省哈尼族分布较广，有119个县市均有哈尼族人居住，其分布区域在北纬21度以北到26度，东经99度以东到104度之间，也即云南南部元江（红河）、澜沧江两江的中间地带，哀牢山、无量山之间的广阔山区，处于汉、彝、白、傣、拉祜等族分布的中间地带，并有苗、瑶、回、壮、布朗等民族分布其间。[④] 从行政区划角度来说，“主要聚居区是今天的红河、元阳、金平、文山、绿春、江城、元江、墨江、思茅、普洱等地”[⑤]。

国外哈尼族主要分布在东南亚的越南、老挝、缅甸、泰国等境内的北部山区，人口总数约50万人。他们是从云南迁徙而去的。

三、实证分析相关问题基本说明

（一）选族选点典型意义说明

1. 选族意义说明

（1）主观方面。主要因为笔者师从云南社会科学院民族学研究所王清华所长。一方面，王清华老师是我国著名的哈尼学首

---

① 指哈尼族祭师。

② 指主要家族沿袭财产和血缘继承关系的父子连名制。

③ 原始氏族地缘政治统属关系的地名连名制。

④ 各民族分布的特点大体是傣、壮等族分布在河谷平坝，汉、白、回等族分布在城镇和交通沿线，哈尼、彝、拉祜等族分布在高寒山区。

⑤ 王文光编著：《云南民族的由来与发展》，德宏民族出版社，1994年版，第100页。

席研究专家，为了便于老师指导，笔者选择哈尼族作为研究对象；另一方面，王清华老师在云南红河哈尼族地区进行了20余年的田野调查工作，在那里已经打下了坚实的群众基础和结成了广泛的人际关系网，为了田野调查工作各方面都便利，笔者选择云南红河哈尼族地区作为实证范围。

（2）客观方面。主要因为哈尼族绝对人口数量相对其他各少数民族而言还比较多。统计数据显示，哈尼族人口已有131万多人，是我国人口超过百万的18个少数民族之一，在全国排行第15位，在云南仅次于彝族、白族，居第三位。显然，选择哈尼族作为实证分析对象，不论是从目前我国已经识别和认可的55个少数民族角度来说，还是从云南各少数民族角度来说，均具有典型的代表意义。

2. 选点意义说明

选择云南红河金平作为调研地点是经王清华老师深思熟虑的结果。他认为：

（1）要考虑选点材料具有新颖性。现在去红河元阳、绿春等各地调研哈尼族的人比较多，材料也较多，很难再具有新颖性，弄得不好会出现雷同现象。而去金平调查哈尼族的除了20世纪五六十年代我国当时进行民族识别工作时有人去过和有些材料外，就是他于2001年初应金平县县长邀请去调查过，其他调研极少，材料也很少。

（2）要考虑选点具有典型性。金平哈尼田村哈尼田寨（又名多木寨）是一个纯哈尼族民族村寨，具有典型的哈尼族村寨特点，自然可以作为观察访谈点。

（3）要考虑选点具有代表性。第一，金平哈尼族有8万余人，绝对人口相对而言不少，可以作为实证代表。在金平县，哈尼族主要集中于金河镇，而哈尼田村是金河镇人口最多面积最大的乡村，是一个由哈尼族、瑶族、苗族和汉族组成的民族村，共有5 010人，其哈尼族人口占将近70%，选这样一个民族村自然具有代表性。第二，问卷调查方面。有90份是通过信件和电子邮件分别发往云南红河河口县、红河县、泸西县、石屏县、屏边县等地的哈尼族同胞；笔者亲自登门拜访发放的250份中有一少部分是在个旧市、开远市、弥勒县等地；其他剩余的大部分和委托发放的，虽然是在金平县境内进行，但填写问卷者有来自元阳县、绿春县、蒙自县、建水县等地方。由此可见，调查对象还具有广泛的代表性。

（4）要考虑选点具有特殊性。金平县是国家级贫困县，如果能找到解决好国家级贫困县中哈尼族人才资源开发的最佳思路与对策，那么解决其他比金平富裕发达的民族地区的哈尼族和其他少数民族的人才资源开发问题就相对容易一点。

（二）实证分析基本框架

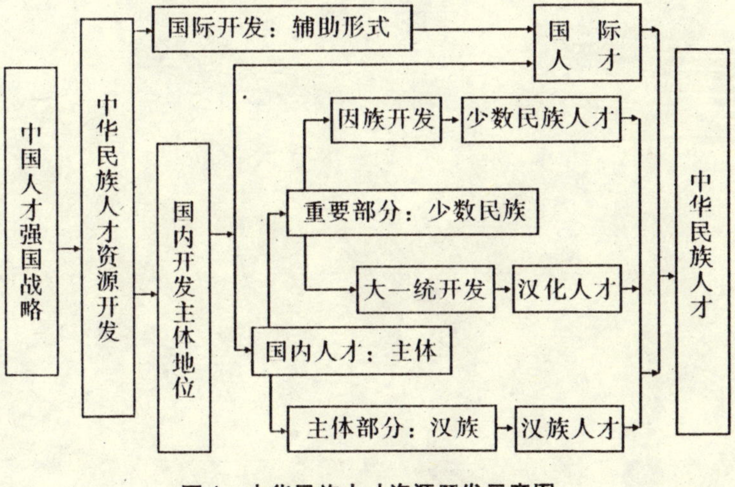

图4　中华民族人才资源开发示意图

对于我国人才资源开发，在全球世界范围内，从国家角度思考，我国人才资源开发包括主体地位的国内开发与辅助形式的国际开发。在国内，从民族角度思考，我国人才资源开发包括占主体地位的汉族人才资源开发和占重要地位的少数民族人才资源开发。在我国，目前对汉族人才资源开发而言，主要是采用大一统开发模式；而对于少数民族而言，也主要还是采用大一统开发模式，这一模式所开发的少数民族人才从身份上讲虽然还是少数民族人才，但从客观上和某种意义上讲已经是被汉化了的人才。对于这一模式，我们应辩证地看待，既有其积极的一面，又有其不利的一面。为了中华民族文化的丰富多彩，为了少数民族特有民族文化的传承、保护和发扬光大，为了我国人才强国战略更好地在少数民族与民族地区落实贯彻，我们党和政府不仅需要完善和发展大一统人才资源开发模式，而且需要实施因族开发模式和战略。为此，本文理论假设的实证分析基本框架如下：

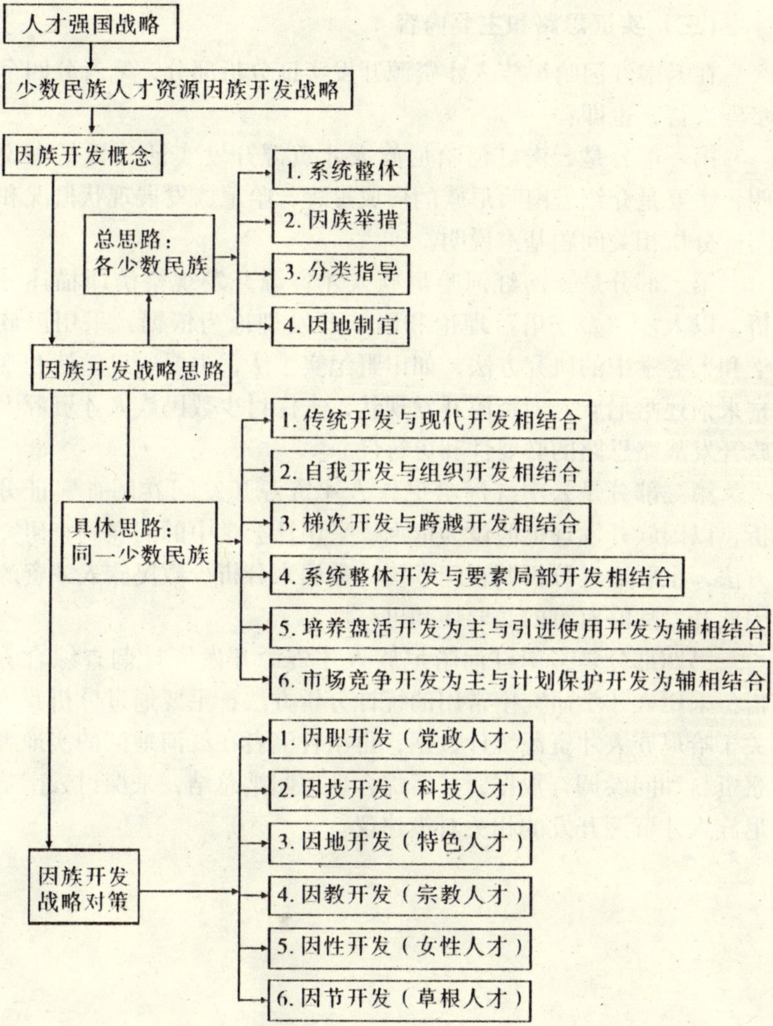

图5　因族开发战略实证分析基本框架图

（三）实证思路和主要内容

在云南红河哈尼族人才资源开发实证分析部分，笔者分四个步骤进行，也即：

第一部分是云南红河哈尼族人才资源开发实证分析基本说明，主要是介绍云南哈尼族的形成过程，哈尼族发展现状概况和实证分析相关问题基本说明。

第二部分是云南红河哈尼族人才资源开发观察访谈描述分析，以人才“金字塔”理论和因族开发理论为依据，采用民族学和人类学中的研究方法，如田野纪实手法，主要通过访谈和观察来描述哈尼族人力资源开发现状，来探讨少数民族人才资源因族开发战略思路的必要性和可行性。

第三部分是云南红河哈尼族人才资源开发问卷调查实证分析，以因族开发理论假设为依据，采用社会学中的问卷调查研究方法，主要通过分析调查问卷统计数据来分析少数民族人才资源因族开发战略对策的必要性和可行性。

第四部分是云南红河哈尼族人才资源开发统计调查综合分析，采用人才学研究中常用的统计分析方法，主要通过分析我国关于哈尼族人才资源统计数据，再结合笔者在红河地区的实地考察资料和问卷调查数据，然后综合性地归纳总结，来探讨云南哈尼族人才资源开发的相关对策建议。

第二节　红河州哈尼族人才资源开发观察访谈描述分析[①]

一、观察与访谈描述及分析相关问题说明

（一）资料获取方式

本部分内容主要是通过在红河金平哈尼田村驻寨观察的感想及与相关哈尼族同胞的访谈来获取有关哈尼族人才资源开发情况的第一手资料。

（二）理论依据

1. 人才“金字塔”理论

“众所周知，从一般的人转变为人才，需要经过人力资源的开发。”[②] 人口、人员、人力、人才转化理论，笔者称之为人才“金字塔”理论。具体模式如下图所示：

---

① 参见曾豪杰著《哈尼族人才资源开发观察访谈描述分析》，载《科技经济市场》2007 年第 9 期。

② 肖鸣政著：《人力资源开发学——开发组织内人力资源的理论与方法》，高等教育出版社，2002 年版，第 13 页。

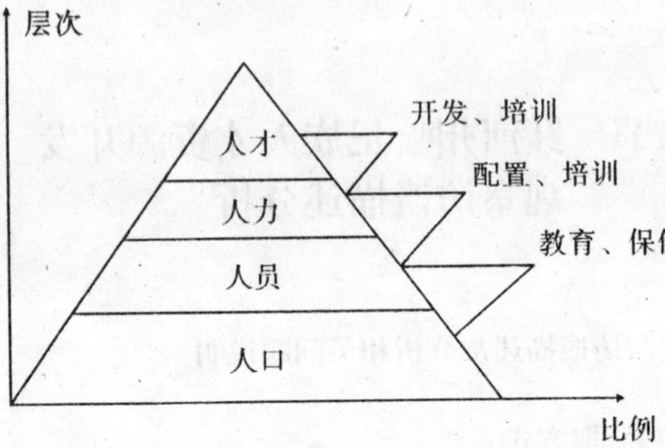

图6　人口、人员、人力、人才转化发展示意图

人才是人力资源的精华部分，一个民族一个国家一个地区的人才资源开发离不开其人力资源开发这个基础工程。因此，要想在哈尼族人才资源开发中落实贯彻好“因地制宜、分类指导、因族举措”原则，首先需要了解和分析哈尼族人力资源开发过程中所存在的基本情况和主要问题，其次才能准确地分析其产生原因和找出有针对性的人才资源开发思路与对策，或者说才能找到少数民族人才资源因族开发的最佳战略思路与战略对策。

2. 因族开发理论

按因族开发理论假设的思路，只要实现了因族开发战略思路，就可以在少数民族和民族地区完成我国人才强国战略要求的人才队伍建设任务。

笔者就是依据人才“金字塔”理论和因族开发理论，通过在红河金平调查研究和在哈尼田村驻寨观察与访谈过程中获取的有关第一手资料来描述和分析哈尼族人才资源开发中存在的基本情况和主要问题，以便最终论证因族开发战略思路的必要性和可行性。

（三）主要内容与主要目的

肖鸣政教授认为人力资源“开发的对象主要包括身体健康素质、文化科学素质、思想道德素质、职业技能素质、潜能开发方面的素质等”①。依此，笔者用在金平县问卷调查及哈尼田村实地考察中所观察与访谈到的相关资料来详细地描述和分析哈尼族人力资源开发现状，再论证因族开发战略思路的必要性和可行性。

（四）局限性说明

笔者初次尝试借鉴和使用民族学及人类学中的研究方法，如田野纪实手法来从事人力资源开发实证分析研究，可借鉴的经验没有，自身经验又不足，可能有点以偏概全和不伦不类，但笔者认为还是能够“管中窥豹，可见一斑”。

二、关于少数民族人力资源个人与组织系统开发情况观察和访谈的描述及分析

（一）少数民族人力资源个人系统开发情况的描述与分析

1. 身体健康素质方面

身体健康素质是人力资源系统的客观基础。身体健康主要依靠医疗卫生和营养保健两个方面。

（1）医疗卫生方面。2006 年 4 月 3 日晚餐后，笔者在哈尼田村现任村委会主任李青春家的相关访谈如下。

笔者：“李主任，你们哈尼田村有多少个医生和医服人员？”

---

① 肖鸣政著：《人力资源开发学——开发组织内人力资源的理论与方法》，高等教育出版社，2002 年版，第 17 页。

年近半百的老村主任李青春答道："我们哈尼田只有1个村医。"

笔者大吃一惊，接着又问道："为什么这么少呢？你们这里是没有多少人得病，还是没人想学或者学不出名堂来？"

李青春主任回答说："得病的人也不少，小病一般自己找草药，大病才到金平县城里去治。也不是没人想学，一般是没地方学没人教，那些赤脚医生嘛一般不外传，只传给自己的子孙后代。"

笔者又追问了一句："你们这里有没有人去考医学院之类的？"

李青春主任"喝罗""喝罗""喝罗"地抽了几口竹筒烟后，一边鼻子冒烟一边说："有。个别的，但考出去就没回来了，在城里医院工作去了。"

笔者又问道："李主任，我们国家农村合作医疗在你们这里搞了没有？"

李青春主任答道："2004年开始搞了，每个人每年交10块钱。"

笔者接着问道："李主任，你们这里有没有人得病享受到合作医疗补助？"

李青春主任一边抽烟一边看着我，说："到目前，有两个，一个拿了一千多，另一个拿了几百块。"

听到这，笔者稍稍宽一点儿心，哈尼族同胞的身体健康总算有了点保障。

哈尼田村目前只有乡村医生1名。一个5 010人的大村寨，只有1名村医，比例明显偏低。这对于哈尼族同胞的身体健康保健极为不利。这也说明哈尼田村缺乏医疗人才，为之培养乡村医疗人才有市场和较大的发展空间。

在党和政府的关怀下，哈尼田村民已经全部参加了农村新型合作医疗，这对哈尼族人来说是莫大的好事，身体健康素质因此有了比较可靠的保障。

（2）营养保健方面。在哈尼田村驻寨调研期间，龙头李嘎则家常吃青菜、花生米、腊肉、西红柿煮蛋等。未来之前，听说金平县是国家级特困县，民族村寨生活“苦不堪言”，笔者在路上有点担心要饿肚子。没想到到了哈尼田村，饭菜还是香甜甜的，我总觉得比在云南大学吃得多吃得饱。有时，杨门咯大嫂（龙头李嘎则媳妇）还到山上采集一些野菜、野果回来。在某些人看来，这是贫困的表现，但实际上，这些天然绿色食品的营养价值不比城里富人们吃的诸如“黄金搭档”、“脑白金”、“古汉养生精”之类的五花八门的营养品差。

据李嘎则介绍，他们哈尼田村哈尼族节日多，一年十二个月都有节日，加上哪家有喜事或者丧事，全寨子人都参加，这样打牙祭的机会很多。笔者调研期间，每隔一天就有一次。

由此看来，哈尼族同胞目前在营养保健方面还算过得去。不过，我们也不能忽视那些贫困户，还需要继续切实搞好扶贫工作。毕竟笔者调研所驻扎的龙头家经济状况在哈尼田村算得上中上水平。据哈尼田村现任村委会主任李青春介绍，目前哈尼田村1 158户中仍有将近30%的口粮不足，米不够吃。

由此看来，哈尼人的身体健康素质方面的开发与其他一些地方相差不是太远，对其人才资源开发没有更多的障碍。

2. 文化科学素质方面

2006年4月2日晚上，在哈尼田村现任龙头李嘎则家吃宵夜期间，笔者词不达意地问哈尼田村现任村支部书记杨忠志：“杨书记，你们哈尼田村村民读书和受教育方面是什么情况？”

年青有为的杨忠志书记一边喝着香甜的糯米酒，一边说：

“你说的是我们哈尼田村村民文化水平情况吧?”

笔者一边点头，一边回应道:“嗯！对!”

杨忠志书记放下酒杯，夹吃了几粒花生米后介绍说:“我们哈尼田村共有五千多人，上过小学的只有千多人，上过中学的有几百人，上过高中的不多，读过大学的很少，有还是有。”

杨忠志书记虽然只说了一个大概，但笔者明显可以感受到哈尼田村的青少年儿童接受现代学校教育和文化比起笔者家乡的人们受教育情况要差得远。

笔者又顺便问了一句:“杨书记，为什么会这样呢?”

杨忠志书记一边吸着笔者发的湖南白沙集团荣誉出品的第一代精品白沙烟，一边说:“我们金平县是国家级特困县，我们哈尼田村是山区，贫困面约30%，每年口粮都不够吃。年收入上万元的只有三四户，一般家庭年收入只有二三千元。70%能够上得起小学，50%能够上得起初中，只有20%能供得起高中，只有少数几户能供得起大学。”

笔者不停地点头，不停地记录。

原来如此，由于吃饭是头等大事，哈尼田村经济状况不是很好，村民受教育情况自然而然不是很理想，后笔者了解到，哈尼田中小学辍学率还比较高，考上高中而没办法去读的人还不少。

哈尼族同胞接受的文化科学知识主要来源于上辈的言传身教，到现代学校接受义务教育还有待进一步贯彻落实。

也许是笔者偏见，或许是笔者“胡思乱想”，笔者观察觉得哈尼族同胞有些方面还很缺乏科学知识。如，在哈尼田村，家家户户都是人和牛、鸡、猪、狗、猫等牲畜同住在十分狭窄的院子内，这种居住方式虽然是一种无可非议的民族风俗习惯，但是否具有科学性，对哈尼族同胞的健康是不是有害，笔者有点置疑和担心。因为笔者认为这种居住方式对预防如“非典”、“禽流感”

等传染病不是很有利。再如，2006 年 4 月 1 日和 3 日，笔者随龙头李嘎则在为祖上树碑祭祀的人家吃饭时看到一个大大的菜盆很吃惊，因为它是一只用废弃的卡车后轮胎做的。虽然这是“变废为宝”，但也反映他们缺乏科学和卫生知识。看来，坚决扶贫和大力发展民族教育刻不容缓，不然哈尼族的民族文化科学素质方面的开发会远远落后于其他地区。

3. 思想道德素质方面

笔者驻哈尼田村调研所观察到的民风民俗与笔者在王清华老师在其田野纪实的著作中所描述的以及与专门管理民风民俗的龙头李嘎则所说的基本相一致。总之，在思想道德素质方面，哈尼人完全可以称得上是优秀水准。他们热情好客，老实淳朴。用胡锦涛同志倡导的社会主义八荣八耻标准来看，哈尼人绝大多数都能做到，可见哈尼人思想道德素质之高，如再经开发，那更能锦上添花。

4. 职业技能素质方面

梯田农业是哈尼人的命根，从事梯田农业就是哈尼人的职业。哈尼人男的十三四岁就开始学习梯田农业生产技能，如犁田、耙田、铲草、栽秧等。哈尼人从事梯田农业生产十分讲究精耕细作，这种职业技能素质从小就从长辈们那儿开始，习得，后天强化和发展。

至于哈尼人从事像现代都市和社会中那些工业、商业等方面的职业技能素质由于种种原因还未开发。当然，从出去打工和学校毕业出去就业的哈尼族干部、教师、技术人员等来看，他们的职业技能素质并不天生比别的民族和地区差，只仅仅是一个条件具不具备和没有开发的问题。

5. 潜能开发方面的素质

哈尼人也崇尚“生命在于运动”，他们喜欢体育活动。每年在祭龙时会举办荡秋千这样的传统体育项目。在哈尼田村，哈尼人还集资修建了一个篮球场，每天都有年轻的小伙子和小姑娘一起投篮。哈尼族居住在大山腰，出门就要上下山，这种生存环境几乎每天都在锻炼哈尼人。难怪哈尼族青年小伙子强壮有力，个个爬山、走梯田田埂又快又稳。

于是，笔者好奇地问曾去过北京、浙江、昆明等地工作过且与笔者同龄的李嘎奔女士："你们哈尼人天天都要上山下山，还喜欢荡秋千和打篮球，你们这里体育苗子应该很多吧？"

李嘎奔女士一边为笔者点燃其发给的红河精品88烟，一边说："是啊！但没人来挑选和培养啊！我老公李富明（又名李惹涛）就是有名的少数民族体操运动员，曾在省内外竞赛中多次获奖。"

笔者坚持晨跑和冷水浴十多年，并曾多次参与学校组织的万米赛跑，还多次获奖，在云南大学2004年度冬季田径运动会上研究生组中就跑了个第一名，体力应该还算不错，但到了哈尼田村，上山走田埂总有些力不从心，比起哈尼人登山，只能认输，自愧不如。于此，我觉得哈尼人这方面的潜能可以好好地开发。

（二）少数民族人力资源组织系统开发情况的描述与分析

1. 党政机关系统

哈尼族人才主要还是集中于党政系统。笔者有时硬着头皮强挤笑脸走访了许多"等级森严"的各大党政机关、单位和部门，发现和了解到他们因中央和上级要求还是经常性地学习文件精神，也习惯性地在办公室看看报，或者回家看看电视新闻，比较注意政策动态和时事。至于才能和特长发挥，有哈尼族干部告诉笔者，他们很多时候无可奈何，一切都是"长官意志"，一把手说了算，毕竟要"下级服从上级"和"一切行动听指挥"。至于培训和交流使用，他们有不少人都说，这要靠运气，或者要看谁会搞关系啦。

虽然少数民族干部数量不少，但他们的素质和能力如何与时俱进还是一个大问题。可见，笔者提出的“以加强党的执政能力建设为契机，重点开发少数民族党政人才资源”是十分必要的，至于可行性关键在于上级党政有关部门如何操作了。

2. 学校教育系统

在民族地区，人才主要集中于政府部门和学校。政府部门还时常组织学习中央和上级文件精神，还算得上经常组织培训和及时充电，学校情况又怎么样呢？

2006 年 3 月 31 日上午，笔者在龙头李嘎则的带领下来到哈尼田村小学进行调研。哈尼族老师十分热情，对笔者的调研十分感兴趣和大力支持。

笔者随便问道：“你们上完课之外，一般干什么呢？”

一位中等身材并十分丰满的哈尼族女老师答道：“没什么事可干，无聊得很，看看电视，或者到寨子里串串。”

笔者又随便问道：“平时和寒暑假，上面组织学习交流的机会多不多？”

另一位身材高挑的哈尼族女老师回答说：“工资都扣七扣八的，还有什么学习交流。”

笔者再一次随便问道：“你们想不想到外面看一看，交流学习啊？”

一位年纪稍大的哈尼族老师说：“怎么不想哦，就是没有机会。”

笔者接着又问：“你们觉得能不能跟上形势发展需要？如教学方法更新。”

那位十分丰满的哈尼族老师回答说：“我们年青的还是能

够，一些老教师恐怕不行，没办法，教了儿十年，改不过来了。”

当天中午，笔者在龙头儿子李晓春的带领下，来到离哈尼田村不太远的金平二中调研，在与哈尼族教师的座谈中也了解到民族地区基层教师学习交流机会因多方面的原因的确太少。

毫无疑问，民族地区学校教师培训需求是客观存在的，只是我们教育管理机构因经费等多方面的原因而没有进行经常性的教师职业培训，对教师进行职业培训也还只是停留于教师在师范院校一次开发和培训。其实，人力资源开发不是一劳永逸的事，学校教师也需要进行经常性的培训学习和交流，唯有这样方能人才辈出，才能桃李芬芳。

3. 公司企业系统

笔者顺便向金平县旅游局李玉辉局长问及金平旅游、企业等方面的人力资源开发情况。李玉辉局长告诉笔者：“我们金平宾馆服务人员素质太低了，她们连澜沧江啤酒、大理啤酒都分不清。结果她们就把所有啤酒都端来，你指哪一种她才知道拿哪一种。”

当时笔者随王清华导师下榻在金平县最高档宾馆——西隆宾馆，听到这话，有点将信将凝：李玉辉局长说的可能有些“夸张”，但李玉辉局长是个实话实说的人，这也许是事实。

我随后追问：“金平县宾馆组织服务员培训多不多?”

李玉辉局长说：“素质好一点的跑到个旧、昆明、广东那些地方去，我们这里服务员只有300块一个月，工资太低了，只能招到那些素质不是很高的。我们金平旅游不是很好，宾馆效益不行，培训就难了。”

李玉辉局长虽有点答非所问，但我已经猜测到像金平这样的民族地区的公司企业人力资源开发可能还只是处于人事管理阶段，开发可能谈不上。这种猜想后来在与哈尼田村龙头李嘎则女儿李晓玲的谈话中得到证实。

2006年4月3日，哈尼田村龙头李嘎则家祭祖，去年考上高中但没办法上的龙头女儿李晓玲也回来了。晚上，笔者顺便问李晓玲："你们宾馆平时经常组织你们培训和学习吗？比如，学倒酒、学接待客人的礼节。"

李晓玲盯着笔者生怕听错似的，未等笔者说完便开始回答说："刚进去时教了一点，后来很少，靠自己。"

笔者又问："那你们宾馆，哈尼族姑娘多不多？"

李晓玲一边看电视一边点了点头说："多啊！"

笔者想证实李玉辉局长所说的话便有意问道："你们有时会不会出现拿错啤酒给客人，比如客人要澜沧江啤酒，而你们拿大理啤酒？"

李晓玲抱着枕头想一会儿说："有时会搞错，刚去时有些牌子我们认不得，有些客人说话我们听不大懂。"

笔者又追问一句："你们想不想参加培训和学习？"

李晓玲笑了笑说："怎么不想哪！但是没有啊！"

李晓玲所工作的宾馆在金平县城是算得上一流的，这样的一流宾馆的人力资源培训都是如此，其他的更不用说了，也难怪李玉辉局长会那么评说。

笔者观察发现并不是那些民族姑娘素质低和不懂事，像李晓玲这样的哈尼族姑娘，笔者就觉得她十分机灵，而是企业组织还未重视组织内人力资源开发，对员工培训过于简单。

三、关于少数民族人才资源因族开发战略思路可行性观察与访谈的描述及分析

（一）关于“因族开发”概念

到金平哈尼田村之后，笔者每天都会听到哈尼族歌手唱的哈尼族情歌和山歌，虽然笔者听不懂，但觉得十分优美、动听。于此，笔者想，像哈尼田村有名的青年歌手李文亮，在哈尼族日常生活和本地各项文娱活动都离不开他，都需要他。但我们现在哪所音乐学校和学院正在培养这样的民族音乐人才呢？恐怕目前的音乐学校和音乐学院大多都热衷培养汉语歌手和音乐家，像少数民族歌手和音乐家，如杨四斗、朱小和等，一般只能土生土长啦。于此，笔者还想起了杨丽萍编导的《云南映象》和弥勒阿细跳月，其中许多原生舞蹈和原生音乐就是来自少数民族，当中许多参与表演者也都是来自少数民族。从少数民族艺术人才资源开发来看，我们根据少数民族的特殊族情来开发，经济和社会效果恐怕要好得多。如果把一些有一定艺术潜质的少数民族人才招到艺术学校和艺术学院将之培养成汉化式的艺术人才，恐怕会是在“拔苗助长”和“乱弹琴”，结果恐怕也会惨不忍睹。

因此，笔者认为我国少数民族人才资源开发既要遵循人才资源开发的普遍性规律，又要根据其特殊性来开发。因族开发主要是强调在少数民族人才资源开发过程中要注意少数民族自身的民族历史、文化传统、风俗习惯、地理环境、经济现状、教育水平等方面的特殊性。通过调查研究，笔者坚信因族开发在我国少数民族人才资源开发中不仅是可行的，而且也是十分必要的。

（二）关于因族开发总的战略思路

1. 关于“因地制宜”思路

听王清华老师介绍，元阳那边梯田旅游搞得十分不错，形势越来越好。元阳梯田旅游拉动了人才培养需求，为此，元阳可以为梯田文化旅游培养一大批哈尼族旅游服务和管理人才，也可为之培养相关行业和产业方面的人才。但金平这边，听金平旅游局李玉辉局长介绍，旅游业不是很好。正因如此，虽然都是哈尼族，都有梯田，但由于生活的地方不同，经济条件不一样，我们不能盲目地在金平搞大规模的哈尼族梯田文化旅游人才开发。一句话，少数民族人才资源开发要坚持“因地制宜”原则和思路。

2. 关于“分类指导”思路

笔者在哈尼田村走村串寨发现，哈尼田村除了汉族经济状况等方面稍为好一点之外，其他像哈尼族、苗族、瑶族等民族相差不多，总体处于摆脱绝对贫困迈向温饱阶段。对于哈尼田村这三个少数民族，不论经济发展对策，还是人才培养，我们需要而且也可以坚持“分类指导”的原则和思路，毕竟他们的经济状况基本相同。

3. 关于“因族举措”思路

在金平，瑶族地区开始大面积种植香蕉和发展瑶族医药业，如药袋浴；哈尼族开始推广梯田养鱼；勐拉傣族开始大规模种植橡胶。这些民族特色经济和地方特色产业的兴起和发展自然而然会需要各种各样的人才为之服务，如割胶实用技术人才等。因此，我们国家和政府可以依据这一实际情况实行不同的人才培养方案，为民族地区培养不同种类的特色人才。

（三）关于因族开发具体的战略思路

1. 关于传统开发与现代开发相结合思路

在哈尼田村，龙头李嘎则的父亲李门嘎大爷是个有名的木工能手，听李大爷说，哈尼田村几乎所有的犁、耙农具都是出于其手，平时犁、耙农具维修都是找他。龙头李嘎则木工也做得不错。像这种靠祖传培养人才的方式就是笔者所说的传统开发。

哈尼田村现任村主任李青春告诉笔者，哈尼田村目前已经基本普及电视，但修理家电的一个都没有，想学修理而无人教。再如，哈尼田村缺乏医服人员，而且也出现有人想学却无人教的情况。像这种情况，我们国家和政府是不是可以考虑在民族地区挑选一批素质高一点又志愿学医的少数民族青少年送他们到职业技术学校和医学院去培养，使之将来成为服务哈尼地区的实用技术人才。

总之，在哈尼田村，除了像龙头李嘎则家族祖传木工技术培养木匠外，还可以在国家和政府及社会组织的组织和支持下用现代教育方式和人才培养模式去培养其需要的各种实用技术人才。

2. 关于自我开发与组织开发相结合思路

哈尼田村李保生大爷（原金平县民政局局长，现退休回哈尼田村养老）家，他们几兄妹及其子女在外工作的多，有在学校当教师的，有在政府部门干公务员的，有在检察院工作的，等等。

笔者特地到李保生大爷家拜访，问道：“李大爷，你们家为什么能出这么多人才?”

李保生大爷为笔者递上一杯茶水后，将他家那条大狼狗招呼出，慢慢地坐在床边笑了笑，说：“这个嘛。怎么说呢？有的人说，我们家祖气好。我看还是因为家庭环境和家庭教育搞得好一点，反正我们家父母比较重视子女读书。虽然那时我们家也不太好，吃饭也成问题，但父母宁愿苦自己不愿苦孩子读书。”

在哈尼田村调查期间，发现哈尼田村想学技术的青年不少。如：龙头李嘎则两个堂弟——一个想学养殖技术，另一个想学修理技术；其妹李嘎奔想学瑶医技术；其女李晓玲想学高级美容美发技术；等等，不一而足，但他们自身没有经济实力支撑，这十分迫切需要其他社会组织来帮助他们。

总之，少数民族人才资源开发除了倡导像李保生大爷家那样自我开发之外，的确更多的要依赖于笔者所说的组织开发。

3. 关于梯次开发与跨越开发相结合思路

通过驻寨调查发现，哈尼田村“普六”问题已经基本解决，但“普九”问题因种种因素，主要是经济状况不佳原因，还任重道远，与当地一些学校汇报给上级的有关保学控流资料出入较大。读高中、上大学的则更难为续，艰难无比，像笔者十分熟悉的哈尼田村委会李青春主任的女儿、龙头李嘎则的女儿等能考上高中而无力支付那高昂的学费的为数不少，也可以说是普遍现象。笔者坚信在党和政府的领导和关怀下，哈尼田村“普九”、“上高中、读大学”问题会依次解决。

作为金平县城所在地金河镇的一个民族村寨，面对县城的发展和市场需要，哈尼田村不能坐失良机，要想很好地珍惜和把握这一发展机遇，不开发好哈尼田村青壮年人力资源和青少年人才资源，其结果将难以想象。正因如此，我们党和政府要根据当地发展形势组织和支持哈尼田村实用技术人才培养，以帮助哈尼田村经济社会实现跨越发展和人才资源实现跨越开发。

4. 关于系统整体开发与要素局部开发相结合思路

笔者经过调研后发现和深信对于少数民族人才资源开发，不论是将其整个民族所有的人才资源作为一个系统规划，进行整体布局和开发，还是将其人才资源进行分类，再根据类别进行开发，都是必要的，也是可行的。以哈尼田村为例，我们就可以将哈尼田村所有人才资源作为一个系统进行整体规划，分析现状，探讨可行开发方案。再将有潜力、素质稍为高一点的青年人力资源进行分类，有的作为党政干部培养，有的作为企业经营管理人才培养，有的作为实用技术人才培养，等等。

5. 关于培养盘活开发为主与引进使用开发为辅相结合思路

哈尼田村现有一批青年初中或高中毕业后，有的出去打过工，有的当过兵……在访谈中发现他们也很想学门技术，在家乡干一番事业。青年人像歌手李文亮、在金平县城一家草医药店抓药的李嘎奔、宾馆服务员李晓玲；中年人像杨忠志书记和李嘎则龙头、李青春主任…… 他们都渴望得到有关部门和社会组织的培训指导和创业资本支持。哈尼田村需要医疗、修理、养殖等方面的实用技术人才，我们可以引进一部分来作示范带头作用，但立足于哈尼田村现有的具有开发潜力的人力资源更为合适，使他们一面早日成才，一面为家乡建设作出贡献。总的来说，像哈尼田村这样的民族地区，其人才资源开发要坚持盘活开发为主和引进使用开发为辅相结合。

6. 关于市场竞争开发为主与计划保护开发为辅相结合思路

笔者在问卷调研过程中，走遍数以十计的机关单位和数以百计的哈尼族同胞。在与哈尼族干部访谈中了解到他们当中许多人也是十分有能力和有理想的，他们当中有一部分人也很想走出机关来干一番事业，但因多种原因，迫于无奈，只好在机关看看报，喝喝茶，就这样无聊地“混混”。从人才学角度来看，从某种意义上说一部分人才将会这样埋没于文山会海和交际应酬以及无聊地“熬年头”之中。基于此，我们党和政府有必要加强党管人才，使少数民族党政人才能人尽其才，才尽其用。经过一番调查，对此现象，笔者发现坚持市场竞争开发为主与计划保护开发为辅相结合思路是必要的，也是可行的。

第三节 红河州哈尼族人才资源开发问卷调查实证分析①

一、因族开发相关主要概念的操作化

（一）汉化人才

对于接受过一定程度和年限的现代学校教育的人来说，对于“汉化”这一概念并不陌生。但对少数民族来说情况怎样，笔者不敢妄加猜测，于是在问卷调查中，将之用“大量接受了汉族文化的人才”代替。

（二）因地制宜开发原则

“因地制宜”比较抽象，本书在实证部分将之转化为“民族地区学校能否培养少数民族地区自身经济、社会发展需要的人才”和“民族地区最缺乏哪儿种人才”。本书调查问卷设置这两题，主要是想通过对比来了解因地制宜开发原则贯彻落实情况。我国大学培养的少数民族人才种类与民族地区当前实际需要的人才种类是否相一致。

（三）其他相关概念

像关于少数民族党政人才资源开发、特色人才资源开发、科技人才资源开发、宗教人才资源开发、女性人才资源开发、“草

① 参见曾豪杰著《哈尼族人才资源开发问卷调查分析》，载《社科纵横》2007年第12期。

根人才”资源开发等方面的概念，主要是通过相关的事实或现象来具体体现。

二、调查资料的获取方法与资料的可靠性

（一）调查工具的形成过程

这次实证调查采用的调查工具为专门为本书研究设计的调查问卷及其相应的结构性和非结构性观察和访谈。其依据为笔者对少数民族人才资源因族开发的理解和认识所形成的基本思路。在云南社会科学研究院民族学研究所王清华老师，云南大学马列部陈国新教授、任新民教授与杨仕教授，云南大学公共管理学院王彦斌教授，云南大学民族研究院王文光教授等相关专家的指导下，然后把它们具体化为一系列相应的调查问卷题项和调查提纲，再在少数民族籍同班同学和云南大学马列部师兄师姐、师弟师妹和党政机关干部及事业单位中工作的少数民族同胞中初步试调查，在此基础上运用经过专家咨询进行修改后制作的调查问卷。剔除不相关和难以操作化的题项条款，进一步将令人难以理解的抽象概念具体化，使之具有较强的可操作性，最后形成正式的调查问卷及相应调查提纲等作为实施这次调查的调查工具。达到指标问题化、问题答案化、条款卡片化、卡片条理化。

（二）调查样本获取方法及资料的可靠性

1. 调查样本获取的方式

这次调查的对象为具有哈尼族身份的学生、教师、党政干部、商人、农民等，分析对象为哈尼族人才。

研究设计拟选云南省红河州金平县哈尼田村作为驻寨观察和访谈对象，以红河州金平、个旧、弥勒、元阳、绿春等地的具有一定文化水平的哈尼族学生、教师、党政干部、商人、摩匹

（或背玛）以及在昆明的红河籍相关人员等作为问卷调查对象。

这次调查实施的具体时间为2006年3月至5月，在哈尼族同胞中一共发放调查问卷350份，回收313份，其中有3份因不符合要求被认定无效，故有效回收310份，有效回收率为88.6%。样本资料获取的具体操作如下：

（1）登门拜访方式。本人亲自走访昆明红河籍人员及红河州个旧、弥勒、金平城镇驻地的党政机关单位干部、事业单位专业技术人员、学校教师等，共发问卷250份，其中有1份因当事人有其他事情无法继续完成作答，故有效回收249份，有效回收率为99.6%。

（2）委托方式。在金平县城乡建设环境保护局、旅游局进行调查时，全权委托热爱科研和喜爱哈尼族梯田文化的李玉辉局长，负责其所在单位所有哈尼族身份的工作人员问卷发放和回收，在其单位共发放10份，第一次回收9份，最后李玉辉局长送笔者回昆明时又回收1份，有效回收10份，有效回收率为100%。

（3）邮寄方式。信件邮寄共发放80份，共回收43份，其中有1份有几题未作答，有1份几个题项答案改动较多，故有效回收41份，有效回收率为51.3%。电子邮件共发寄10份，首次回收7份，后经多次请求、提示和催促又回收3份，有效回收共10份，有效回收率为100%。

2. 样本及资料可靠性分析

（1）样本的可靠性分析。这次调查采用随意的抽样方法进行。这次调查获得的资料的重要价值主要在于作为一种尝试性和探索性研究的分析基础；同时，也可以作为笔者今后进一步深入研究少数民族人才资源开发的经验和教训基础。

（2）资料的可靠性分析。这次调查分析的资料获取方式为问卷方法，采用问卷向调查对象询问有关内容获取资料。资料的可靠性涉及抽样、问卷条款题项设计、问卷发放与回收以及数据库建立等多方面。

在抽样方面。笔者原打算到红河州各县市发问卷进行调查，但由于多方面原因，笔者只能亲自“挨家挨户”地在金平县县城、金河镇等地的党政机关、事业单位和学校、公司企业等处苦苦寻找哈尼族同胞进行调研。但在调查中发现他们有来自元阳、绿春、红河等不同哈尼族山乡。这样看来，样本还是具有代表性的。

在问卷条款题项设计方面。由于考虑到本论文研究对象的抽象性以及调研实际可操作性，所以反复思考，不厌其烦地请教和咨询，最后选择了被调查对象容易回答又与研究相关的比较粗一点的题项，在调研和回收调查资料过程中，发现这些问卷条款题项与实际还是符合的。

在调查问卷发放与回收方面。笔者地毯式地在金平县一个单位一个单位、一个部门一个部门、一个学校一个学校地寻找哈尼族同胞，在一些基层工作单位，特别是政府部门，由于个别汉族干部的思想不开明，甚至阻挠，使得笔者不得不秘密地与少数民族干部及同胞接触进行调研，这样虽然过程异常艰辛，但保证了回收的资料具有货真价实性和可靠性。面对面地马拉松式地等待被调查对象匿名填写问卷，虽然耗时较多，但既保证了问卷是由调查对象本人亲自填写，也打消了问卷填写者相关的顾虑。令笔者十分感激和欣慰的是：万万没想到哈尼族同胞会如此热情地欢迎、接待和支持笔者进行哈尼族人才资源开发研究和调查。在此，笔者对所有参与调查的哈尼族同胞表示崇高的敬意和衷心的感谢。

在资料登录方面。这次调查的问卷，经过初步审核整理后，亲自对每份问卷逐一审核登录，再运用 foxpro 数据库软件采用检验方式录入，建立原始数据库。建立后的数据库经10%抽样复录，其差错率为字节数的0.001，之后对相应的差错进行了更正。最后，笔者还采用原始的手工统计方法进行逐题逐项统计。结果与计算机录入结果相一致。由于建立的数据库与调查问卷原始资料之间较高的一致性，从而保证了分析使用的数据库较高的可靠性。

在数据分析方面。本次调查数据资料使用了目前通用的统计分析软件“社会科学统计软件包”（SPSS10.0）进行分析。这款软件包的专业性设计为这次调查数据资料的分析提供了可靠的保证。

总的来说，尽管由于问卷本身设计和调查实施的地区存在不尽如人意之处，但仅就收集到的资料来讲，还是具有相当高的可靠性。

3. 样本分布的基本情况

表4　《红河哈尼族人才资源开发情况调查》样本分布基本情况表

个体情况度	个体情况内容	频数	有效百分比	累计百分比
性　别	男	201	64.8	64.8
	女	109	35.2	100.0
	总　和	310	100.0	
受教育程度	小学及以下	0	0	0
	初　中	18	5.8	5.8
	高中（普高/职高）	32	10.3	16.1
	中　专	53	17.1	33.2
	大学（专科/本科）	207	66.8	100.0
	研究生（硕士/博士）	0	0	100.0
	总　和	310	100.0	

续表

个体情况度	个体情况内容	频数	有效百分比	累计百分比
工作种类或部门	农业部门	11	3.5	3.5
	工业部门	3	1.0	4.5
	商业部门	8	2.6	7.1
	党政机关	150	48.4	55.5
	事业单位	137	44.2	99.7
	其　他	1	0.3	100.0
	总　和	310	100.0	

三、云南红河州哈尼族人才资源开发的实证分析

（一）关于“大一统”培养模式的实质问题

对于我国目前总体上采取统一专业、统一课程、统一标准和规格等来培养各民族各类人才，笔者从民族和文化角度认为这种“大一统”培养模式其实就是在培养“汉化”人才。这是一种“想当然”，还是一种事实呢？为此，笔者在问卷中设计了两个题项：

您认为红河哈尼族地区的学校所培养的人才是哈尼族本民族的人才，还是大量接受了汉族文化的人才（或者说被汉族化了的人才）？

答案选项	样本频数	有效百分比	累计百分比
哈尼族本族人才	58	18.7	18.7
不知道或说不清	7	2.3	21.0
大量接受了汉族文化的人才	245	79	100.0
总　和	310	100.0	

您认为我国大学培养的少数民族学生是少数民族（如：哈尼族）本民族人才，还是培养了被汉化了的人才

答案选项	样本频数	有效百分比	累计百分比
少数民族人才	31	10.0	10.0
不知道或说不清	9	2.9	12.9
被汉化了的人才	270	87.1	100.0
总 和	310	100.0	

从哈尼族同胞对以上两个问卷题项的回答统计数据来看，笔者前面说的"'大一统'培养模式其实就是培养'汉化'人才"，不是一种"想当然"，而是一种客观事实。

这两个题的基本意思相差不多，但答案统计数据不一致。在前一题中选"哈尼族人才"的有58人，占18.7%；选"不知道或说不清"的有7人，占2.3%；选"大量接受了汉族文化的人才"的有245人，占79%。而在后一题中选"少数民族人才的只有31人，占10%，减少17人，百分比降低8.7%；选"不知道或说不清"的有9人，增加2人，百分比上升0.6%；选"被汉化了的人才"的有270人，占87.1%，增加15人，百分比增加8.1%。题目意思基本相同，并且同一个人做的，为什么会出现这样的稍有差异的数据结果呢？这不是简单的数字，而是反映了哈尼族同胞对此问题作了认真的思考和实事求是的回答。从数据统计显示来看，表明少数民族接受的学历教育越高，被汉化的程度也就越高。毕竟红河州的学校从办学层次来看与全国大学相比要低，也反映了民族地区的学校能更有针对性地坚持立足地方的办学宗旨。

（二）关于对科学人才观的认识问题

科学人才观认为“人人都能成才”，这一观念在哈尼族人中究竟怎样呢？笔者设计了调查问卷第四题，也即“您认为‘人人都能成才’吗?”通过调查问卷统计显示，数据如下：

您认为“人人都能成才”吗？(%)

答案选项	样本频数	有效百分比	累计百分比
能	120	38.7	38.7
不知道或说不清	14	4.5	43.2
不　能	176	56.8	100.0
总　和	310	100.0	

从调查数据来看，宣传科学人才观还任重道远。

笔者提出的因族开发理论是置于我国人才强国战略之内的，科学人才观自然而然是因族开发的重要理论基础，少数民族作为中华民族的重要组成部分，其人才标准毫无疑问地与中华民族人才标准大同小异。特别是随着经济全球化，人才标准总的发展趋势是要求越来越高标准、越来越趋同。这些也可以从哈尼族同胞的回答中窥见一斑。

您认为哈尼族人才按什么样的标准培养较好？

答案选项	样本频数	有效百分比	累计百分比
大部分按哈尼族，少部分按其他发达民族或国家地区的人才标准较好	25	8.1	8.1

续表

答案选项	样本频数	有效百分比	累计百分比
不知道或说不清	11	3.5	11.6
大部分按其他发达民族或国家地区，少部分按哈尼族的人才标准较好	274	88.4	100.0
总　和	310	100.0	

（三）关于因族开发主体问题

对于我国少数民族人才资源开发，究竟依靠谁较好，也即开发主体问题，从哈尼族同胞的答案来看，还是依靠国家和政府较好。详细数据如下：

您认为哈尼族人才依靠谁来培养较好？

答案选项	样本频数	有效百分比	累计百分比
哈尼族	20	6.5	6.5
不知道或说不清	6	1.9	8.4
国家和政府	284	91.6	100.0
总　和	310	100.0	

（四）关于少数民族人才资源因族开发战略对策方面的问题

1. 关于“以加强党的执政能力建设为契机，重点开发少数民族党政人才资源”对策方面的问题

云南省社会科学院党组书记兼院长、博士生导师纳麒教授

（回族）曾在云南大学马列主义教学研究部2005年硕士研究生论文答辩上指出：当前在我国民族地区出现了少部分党和政府培养的少数民族党政干部连本民族都已经不认同，这样的民族干部还是不是民族干部？这反映出我国现有少数民族党政人才资源开发还存在不如尽人意的地方，需要进一步完善。如果这是事实，那真实情况又如何呢？我们应该怎么办好？笔者在问卷中为此特设了两题，调查后的具体情况如下：

您对目前选拔和任用少数民族（如哈尼族）干部的方式是否满意？

答案选项	样本频数	有效百分比	累计百分比
满　意	117	37.7	37.7
不知道或说不清	83	26.8	64.5
不满意	110	35.5	100.0
总　和	310	100.0	

从统计数据来看，对目前选拔和任用少数民族干部的方式满意的只有37.7%。可见，纳麒教授说的是有根据的，也说明我们党和政府对于少数民族党政人才的培养、选拔的确需要加大力度和注意改进选拔任用方式。

您认为少数民族（如哈尼族）干部应当怎样产生较好？

答案选项	样本频数	有效百分比	累计百分比
由党和政府培养再任命	114	36.8	36.8
不知道或说不清	14	4.5	41.3
由少数民族自己选出，再经党和政府培养和任用	182	58.7	100.0
总　和	310	100.0	

以上统计数据显示，哈尼族同胞支持少数民族干部“由党和政府培养再任用”的只占36.8%。而赞同“由少数民族自己选出，再经党和政府培养和任用”的占58.7%。看来民族干部“从民族中来，到民族中去”的方式，也即“由少数民族自己选出，再经党和政府培养和任用”，更能为少数民族同胞接受。

2. 关于“以培育新的经济增长点为突破口，努力开发少数民族科技人才资源”对策方面的问题

您认为少数民族地区（如哈尼族地区）最缺乏哪几种人才？（敬请只选两种）

答案选项	样本频数	有效百分比	累计百分比
经商者	184	59.4	59.4
教　师	97	31.3	90.7
科技、实用技术人员	301	97.1	187.8
宗教领袖（如摩匹）	2	0.6	188.4
艺术表演者	28	9.0	197.4
其　他	8	2.6	200.0
总　和	620	200.0	

从上述数据可以看出，哈尼族同胞认识到本民族最缺乏的人才是科技实用技术人才，其次是经商者，再次是教师。可见，从人才种类角度来讲，努力开发少数民族科技人才资源，特别是农村实用技术人才资源，是民族地区人才工作的当务之急。

3. 关于“以发展民族地区特色产业为引擎，重视少数民族特色人才资源开发”对策方面的问题

为了了解民族地区人才培养现状及其所需状况，笔者设计了

好几道相关题项，希望从中了解一些信息和情况，调查数据结果显示如下：

您认为红河州学校能培养哈尼族地区经济和社会发展所需要的人才吗？

答案选项	样本频数	有效百分比	累计百分比
能	201	64.8	64.8
不知道或说不清	20	6.5	71.3
不　能	89	28.7	100.0
总　和	310	100.0	

从上述数据来看，64.8%的哈尼族人对红河州学校十分信任，相信它们能为哈尼族地区自身经济、社会发展培养出其所需要的人才。但是也还有6.5%的哈尼族人因多方面原因认为不知道或说不清，有28.7%的哈尼族人认为不能。

您不选择到其他地方（如北京、广东、上海）工作的最主要原因是什么？

答案选项	样本频数	有效百分比	累计百分比
家乡观念	69	22.3	22.3
民族和地区文化差异太大	57	18.4	40.7
自然环境、气候等原因	14	4.5	45.2
国家分配造成	166	53.5	98.7
其他原因	4	1.3	100.0
总　和	310	100.0	

以上统计数据表明，因民族和地区文化差异原因不选择到其他地区工作的占18.4%。事实既然如此，我们党和政府有必要考虑因地制宜地开发少数民族人才资源。这一要求还可以从以下数据中反映出来。

您认为您所学专业与眼前工作能对口吗？

答案选项	样本频数	有效百分比	累计百分比
用非所学	154	49.7	49.7
说不清	33	10.6	60.3
对　口	123	39.7	100.0
总　和	310	100.0	

从上表显示，目前少数民族人才资源开发中，认为“用非所学”占49.7%，说不清的占10.6%，专业对口的仅占39.7%。一般而言，专业对口对发挥人才的聪明才智是十分有利的。由此看来根据民族地区经济和社会发展实际需要来开设专业和培养少数民族人才是十分必要的。

因族开发要坚持“因地制宜”和“因族制宜”原则。换句话说，民族地区缺什么方面的人才，我们就培养什么方面的人才，而不是不管三七二十一，只要上了分数线，根据有限的专业选择，再统一课程、规格和标准来培养少数民族人才。这些提醒我们民族地区学校办学要更注意定位为本地区经济社会发展需要，更要注意地方特色，而不要盲目模仿其他发达地区的学校办学模式。

4. 关于“以构建社会主义和谐社会为大局，特别开发少数民族宗教人才资源”对策方面的问题

关于少数民族宗教人才资源开发问题，笔者曾在云南大学马

列主义教学研究部2004级马克思主义民族理论与政策专业硕士研究生中组织过小组讨论，也进行过特殊的问卷调查。那次问卷调查是在非宗教界各民族（包括汉族、回族、白族、纳西族、傣族、满族、布依族等民族）和部分宗教人士（含信教群众及宗教神职人员）中进行。

此次在红河金平进行调研，在问卷中专门设计了一道题，以了解一下哈尼族同胞对其本民族宗教人士的态度和看法。

您认为有没有必要培养和教育少数民族宗教领袖（如哈尼族摩匹）？

答案选项	样本频数	有效百分比	累计百分比
有必要	151	48.7	48.7
不知道或说不清	32	10.3	59.0
没有必要	127	41.0	100.0
总　和	310	100.0	

从哈尼族同胞的答案统计来看，认为有必要培养和教育少数民族宗教领袖的占48.7%；认为没有必要培养和教育少数民族宗教领袖的占41.0%；不知道或说不清的占10.3%。由此看来，本书提出的“以构建社会主义和谐社会为大局，特别开发少数民族宗教人才资源”还是有现实根据和现实需要的。我们不能因为宗教问题的敏感性和复杂性以及宗教人士的信仰不同而漠不关心。

不论从笔者专门的“少数民族宗教人才资源开发”问卷调查数据来看，还是从笔者本次附加的少数民族宗教人才培养态度问卷调查统计资料来看；也不论从笔者的实地观察与访谈情况来看，还是从中国哈尼学著名研究专家王清华研究员所指出的

“摩匹的职能”[1]——“为人占卜决疑，指点迷津”、“行医治病”、“指导农业生产”——来看，“以构建社会主义和谐社会为大局，特别开发少数民族宗教人才资源”这一少数民族人才资源因族开发战略对策是具有现实意义和可行性的。

5. 关于“以优先发展少数民族教育为基础，关爱少数民族女性人才资源开发”对策方面的问题

对于这一方面的问题，调查问卷设置了两道题：一道是民族地区究竟优先重点发展什么，一道是当前少数民族对培养女性人才的态度。

首先，看一看民族地区究竟优先重点发展什么。

为了培养更多的少数民族（如哈尼族）人才，您认为民族地区（如哈尼族地区）应优先重点发展什么？

答案选项	样本频数	有效百分比	累计百分比
民族经济	191	61.6	61.6
民族教育	111	35.8	97.4
民族文化	8	2.6	100.0
其　他	0	0.0	100.0
总　和	310	100.0	

从调查来看，哈尼族人认为优先重点发展民族经济的占61.6%，发展民族教育的占35.8%，发展民族文化的只占2.6%。由于民族地区经济状况普遍发展缓慢，优先重点发展民

① 王清华著\摄影：《凝视山神的脸谱——神奇的红河哈尼族梯田文化》，民族出版社，2006年版，第174、175、176页。

族经济理所当然，况且民族经济是发展民族教育和培养民族人才的基础。有35.8%的哈尼族人支持优先发展民族教育，这说明了哈尼族人已经认识到民族教育对哈尼族发展的重要性。

其次，看一看当前哈尼族对培养女性人才的态度。

您认为送女孩子上学，培养她成为大学生“划得来”吗？（%）

答案选项	样本频数	有效百分比	累计百分比
划不来	8	2.6	2.6
不知道或说不清	1	0.3	2.9
划得来	301	97.1	100.0
总　和	310	100.0	

从上述调查资料来看，哈尼族人已经认识到培养女性人才划得来的达97.1%，这是大好事，这对哈尼族女性人才培养来说十分有利。虽然这次问卷调查是在哈尼族中接受过一定程度现代学校教育的人当中进行，数据资料只仅仅反映哈尼族中已经成才的人对女性人才培养的态度，但他们的根在哈尼族，他们家乡的亲朋好友可以从他们的言行和事迹中得到教育，会大力支持女性教育和女性成才的。由于不少民族地区是山区，温饱问题依然有待切实解决，在此情况下，各族各地来关爱少数民族女性人才资源开发是十分必要的。

6. 关于“以举办民族节日庆典活动为良机，扶持少数民族‘草根人才’资源开发”对策方面的问题

我国少数民族的民族节日庆典活动丰富多彩，笔者认为是少数民族人才资源开发的大好时机，也是少数民族人才大显身手的平台。但少数民族人怎么看待这个问题呢？请看来自哈尼族的调查数据：

您认为“昂玛突”、“苦扎扎”等民族节日中的庆典活动是培养哈尼族人才（如主持人、歌手、跳舞的、做生意的等）的好时机吗？

答案选项	样本频数	有效百分比	累计百分比
是	133	42.9	42.9
不知道或说不清	50	16.1	59.0
不　是	127	41.0	100.0
总　和	310	100.0	

从调查数据看来，认为民族节日庆典活动是培养少数民族人才好时机的占42.9%，不知道或者说不清的占16.1%，认为不是的占41.0%。这一调查数据有点出乎意料，因为笔者原以为至少会有80%以上的人会赞同民族节日庆典活动是培养少数民族人才的好时机，但毕竟认为是好时机的人多。

第四节　红河州哈尼族人才资源开发统计调查综合分析①

一、红河州哈尼族人才资源开发现状描述

（一）哈尼族人才总量不断增多

如果以中专以上学历或初级职称以上的人按人才统计计算，从现有的统计资料来看，哈尼族到1982年全国大学毕业有320

① 参见曾豪杰著《哈尼族人才资源开发的调查与思考》，载《红河学院学报》2006年第6期。

人，大学肄业或在校学生有 101 人；到 1990 全国中专以上学历共有 9 176 人；到 2000 年，全国中专以上学历共有 35 204 人，云南占 34 427 人。再以云南省红河州哈尼族党政人才为例，红河州党政机关、企事业单位哈尼族干部到 1998 年末共达到6 668 人。

（二）哈尼族人才整体素质不断提高

到 1982 年哈尼族大学毕业 320 人，占其人口比重为 0.04%，大学肄业或在校学生 101 人，占其人口比重为 0.01%，而当年文盲、半文盲达 622 541 人，占其人口比重的 71.31%。到 1990 年，大学本科学历的达 709 人，大学专科学历的达 1 482 人，中专学历的达 6 985 人。到 2000 年，哈尼族 6 岁及 6 岁以上人口中专学历的全国达 25 918 人，云南占 25 570 人；大学专科学历全国达 7 283 人，云南占 7 148 人；大学本科学历全国达 1 915 人，云南占 1 639 人；研究生学历全国达 88 人，云南占 70 人。6～24 岁人口在校的学生中，中专全国有 615 人，大学专科学历 86 人，大学本科 71 人。从学历层次来看，哈尼族人才整体素质是在不断提高的。再以云南红河州哈尼族党政人才为例，研究生学历共有 7 人，大学本科学历共有 181 人，大学专科学历共有 1 172人，中专学历共有 3 616 人。

文凭不仅是一个人接受某种程度教育的标志，而且可以在一定程度上反映人才的科学文化素质高低，在过去假冒文凭不流行的年代，以学历作为人才统计标准既是可行的，又是可信的。可见，自新中国成立以来，在党和政府的关怀下，哈尼族人才整体素质不断提高。

（三）哈尼族人才资源的结构不断改善

1. 哈尼族人才年龄结构不断改善

以云南红河州哈尼族党政人才为例。到 1998 年末全州 6 668

名党政人才中，25 岁及其以下 1 027 人，26 岁至 30 岁 1 136 人，31 岁到 35 岁 1 427 人，36 岁至 40 岁 1 176 人，41 岁至 45 岁 1 121 人，46 岁至 50 岁 499 人，51 岁至 55 岁 236 人，56 岁至 59 岁 46 人。由此可见，哈尼族人才年龄结构也在不断地改善。

2. 哈尼族人才性别和文化结构不断改善

到 2000 年，哈尼族中专学历全国有 25 918 人，云南占 25 570 人，其中男性全国有 15 601 人，云南占 15 421 人，女性全国有 10 317 人，云南占 10 149 人；大学专科全国共有 7 283 人，云南占 7 148 人，其中男性全国共有 5 000 人，云南占 4 926 人，女性全国共有 2 283 人，云南占 2 222 人；大学本科全国共有 1 915 人，云南占 1 639 人，其中男性全国有 1 248 人，云南占 1 089 人，女性全国共有 667 人，云南占 550 人；研究生全国共有 88 人，云南占 70 人，其中男性全国共有 62 人，云南占 51 人，女性全国共有 26 人，云南占 19 人。再以云南红河哈尼族党政人才为例，女性党政人才到 1998 年末已经增加到 794 人。哈尼族女性人才数量虽然比其男性要少得多，但对比哈尼族历史资料就不难发现，哈尼族人才的性别结构和文化程度结构都有了很大程度的改观。

3. 哈尼族人才行业和专业布局结构在不断改善

在很长一段时间内，哈尼族人才绝大部分集中于党政机关，随着经济和社会的发展，哈尼族人才虽然仍然主要集中于党政机关和教育类事业单位，但已经逐渐开始分布于农、林、牧、渔业，采掘业，制造业，电力、燃气及水的生产和供应业，建筑业，地质勘察业，水利管理业，交通运输、仓储及邮电通信业，批发和零售贸易、金融、保险业，房地产业，社会服务业，卫生、体育和社会福利，教育、文化艺术及广播电影电视业，科学研究和综合技术服务业等各个行业。至于专业结构改善情况，以云南红河哈尼族党政人才资源为例。到 1998 年末，整个红河州 6 668 个党政和专业技术人才中，专业技术人员增加到 4 491 人，其中工程技术人员 260 人，农业技术人员 251 人，科学研究人员 4 人，卫生技术人员 501 人，教学人员 3 191 人，经济管理人员 74 人，会计人员 74 人，统计人员 12 人，其他 124 人。从红河州哈尼族人才专业技术职务类别来看，哈尼族人才专业结构布局逐步改善。

（四）哈尼族人才资源的贡献和作用不断增大

以云南红河州哈尼族党政人才资源为例，到 1998 年末，整个红河州 6 668 个党政和专业技术人才中，专业技术人员增加到 4 491 人，其中高级职务达 27 人（正高 2 人），中级职务 771 人，初级职务 3 259 人，未有职务 434 人；到 2004 年末，地厅级达到 5 人，县处级达 86 人，科级达 957 人，科级以下 5 620 人。随着人才总量规模的不断扩大，高素质高层次人才的增多，人才资源对经济发展和社会进步的贡献和作用也不断增大。

（五）哈尼族人才资源开发的基础工程不断夯实

一个国家或地区、民族的人才资源的总量也好，质量也罢，与其基础工程——人力资源开发相关连。一般地说，人力资源开发状况较好的，其人才资源开发状况也较好。相反，人才资源开发状况比较差的，其人才资源数量也少，整体素质也不理想。

从哈尼族人口受教育程度就可以看出我国哈尼族人力资源经过几十年的开发，不论其身体健康素质，还是文化科学素质；不论其思想道德素质，还是职业技能素质以及潜能开发等各方面都取得了可喜的成绩。以文化科学素质方面为例，云南哈尼族文盲率从过去 70% 多降到现在 30% 以下。小学文化程度人口从 1982 年的 50 625 人增加到 2000 年的 612 817 人，初中和高中文化程度人口从1982年的199 410人增加到2000年的298 162人，其中高中文化程度人口从1982年的9 020人增加到25 412人。基础教育是一个国家和民族人力资源开发的重要措施。从相关统计资料来看，哈尼族基础教育在党和政府的高度重视下，已经取得了巨大成就。这对哈尼族人才资源开发十分有利。

二、红河州哈尼族人才资源开发中存在的主要问题

（一）哈尼族人才资源开发意识与观念有待进一步更新

科学人才观认为“人人都能成才”，但从笔者在哈尼族的调查问卷统计分析结果来看，认为“能”的只占38.7%，而选择“不知道或说不清”的占4.5%，认为“不能”的占到56.8%。由此可见，哈尼族人才资源开发观念有待进一步更新。

（二）哈尼族人才资源开发思路与方法有待进一步完善和改进

不论从国家权威的统计数字来看，还是从实际调查来看，我国对哈尼族人才资源开发主要是采取优惠政策，如民族考生降分录取，让全国各高校统一招生，再统一课程等进行统一培养。这种“大一统”汉化人才培养模式，为哈尼族培养了大量的各级各类人才，对国家和民族地区经济和社会的发展作出了巨大贡献。但是，由于民族语言、民族教育、民族经济等各方面的原因，哈尼族同胞能够进入汉化教育为主体的高等院校毕竟是极少数，比起汉族和汉化程度较高的民族而言，难度要大得多，而事实上所培养出来的这些哈尼族人才又有相当一部分不适应民族地区经济和社会发展需要。再从哈尼族对“哈尼族应该如何培养本民族人才”的回答来看，有人提出“应由单一汉化培养模式向采用多元化人才培养模式转变”，这说明哈尼族有识之士也已

经看到当前我国哈尼族人才培养模式存在不足之处。

云南哈尼族在解放前其人才资源开发几乎处于自发状态，也即靠哈尼族家族传承和培养，靠人才自生自长。解放后，在党和政府的大力支持下，开始由自发状态转向自觉状态，也即党和政府有意识地为哈尼族培养各级各类人才。但是所培养的各类人才绝大多数又被集中于城市，而农村所需要的各种实用技术人才极少，导致民族地区在全面建设小康社会和社会主义新农村建设中极其缺乏其所需要的“本土化”实用技术人才。由此看来，我们需要进一步完善和改进我国少数民族人才资源开发的思路与方法。不能再以为城市培养人才为主要目标和思路，而要以为农村培养“本土化”实用技术人才为主要目标和思路。

（三）哈尼族人才资源开发面临的困难

1. 自然地理条件限制，哈尼族人才资源开发成本较高

哈尼族多居住在半山区，孩子上学要比其他道路平坦地区耗时耗力。笔者在金平哈尼田村调研过程中，特地计算了龙头李嘎则儿子李晓春上学所需要的时间。由于哈尼田寨是个大村寨，哈尼田小学就建在哈民田寨的西北角，本寨小孩子走路最远的只需要二十来分钟就够了。但其他周围的小村寨，像瑶族村寨，可就不这么容易了，据说需要一个小时。哈尼田村的青少年上初中一般都在看上去不远的金平二中，由于没有直达车路，只能步行，从龙头李嘎则家出发，需要走将近两个小时才能到达，放学回家由于是下山，但也要将近一个小时才能回家。这样一来，学生每天得花费近 3 个小时专门上下山。

在笔者家乡湖南，各地州到省城长沙上大学比云南各地州到昆明上大学的车费要便宜得多，这是由云南特殊的地理条件所造成的，因为这样，民族地区的学生求学成本比其他道路平坦地区

的要高得多。总之，由于自然地理条件的限制，少数民族人才资源开发的成本较高。

2. 哈尼族人才资源开发过程中，语言障碍不可忽视

哈尼族地区，像金平哈尼田村，解放前没有办过学校，哈尼族认识汉字的极少，听得懂汉语和会说汉话的也非常少。1952年哈尼田村才开始兴办学校，中间因频繁的政治运动及对越自卫反击战的影响，教育发展比较缓慢，人才资源积累基础也显得十分薄弱。金平县哈尼田村龙头李嘎则及其妹李嘎奔告诉笔者，他们到了初中才开始会说汉话，就是20世纪80年代出生的李晓玲和90年代出生的李晓春，他们也说是到了初中才学会听说汉语的。他们上小学时老师虽然都是用汉语教学，但一回到家他们又都是使用哈尼语。这真有点像笔者学英语一样，虽然从初中到研究生都在学，但因语言环境的影响，至今仍不会说一口像样的英语，听也只是能听懂一些比较简单的、慢速的交际英语。可见，由于语言障碍，哈尼族人想成为汉化人才和国际型人才，其难度要比汉族人难得多。在哈尼族人才资源开发过程中，我们不能忽视这一现实问题。

3. 哈尼族人才资源开发经济实力严重不足

云南哈尼族大多居住在山区或半山区，人多地少，经济收入低微，像金平县哈尼田村现任村支书杨忠志书记和村委会李青春主任告诉笔者，他们哈尼田寨大多数家庭年收入只有二三千元，1 158户中还有30%的户口粮不足。至于孩子上学那自然而然会成问题，包括家庭条件稍为好一点的，如龙头李嘎则、村委会主任李青春家都无力支持女儿上高中，那上大学更不用提了。当今社会，人才培养主要依靠学校教育，没有一定的经济实力作基础和大量的教育投入，教育发展和人才培养都很难办。总之，不少民族地区，特别是贫困山区，由于经济发展缓慢，其人才资源开

发的资金投入严重不足。

4. 哈尼族地区教育质量令人堪忧

在金平调研过程中，笔者特地观摩了哈尼田小学和金平二中的教学与管理状况，觉得其教育质量令人堪忧，原因是多方面的，主要存在以下两个方面的问题：

(1) 哈尼族地区教师待遇需要进一步提高。有教师反映，他们的工资有时难以保证按期足额发放，并且除了工资之外，再没有其他什么福利待遇，教师积极性难以调动，不少年轻教师也难以安居乐业。

(2) 哈尼族地区教师职业技能培训需要进一步加强。金平哈尼田小学及金平二中教师普遍希望能有更多的学习交流和培训机会，但目前因种种原因，特别是经费不足的原因，这一培训需求还难以得到满足。据反映，他们当中有个别老教师因多方面的原因已经难以适应新形势下的教学，特别是现代化手段教学。这也说明教师也需要终身学习，不断充电。可见，教师职业技能培训需要常规化和制度化。总之，金平哈尼田村教育虽然比过去有了很大的发展，但因诸方面的原因，其教学质量及教育可持续发展仍令人担忧。

三、红河州哈尼族人才资源开发对策建议

（一）大力宣传科学人才观，树立人才资源开发新理念

辩证唯物主义认为，世界观决定方法论，也即有什么样的世界观，就会有什么样的方法论。在人才资源开发领域也是如此，有什么样的人才观，就会有什么样的人才资源开发思路与对策。

笔者在与金平县党政干部和学校教师的访谈中了解到，他们当中很少有人知道科学人才观的基本内涵。至于这方面的宣传，

笔者也不曾见到相关的标语和横幅之类的宣传。其实，搞好少数民族人才资源开发需要大力宣传科学人才观，树立人才资源开发新理念。

（二）开拓人才资源开发新思路，重点搞好农村实用技术人才培养

在现阶段，对于少数民族人才资源开发，除了完善和发展"大一统"汉化人才培养模式之外，还需要坚持因族开发模式。如坚持因地制宜开发原则。哈尼田村需要大量的实用技术人才，所以我们不能全部地为之大批量地培养没有特色的大学生，而应有针对性地重视"土专家"、"田秀才"及各种能工巧匠的培养，如家电修理、养殖、种植等方面的实用型技术人才。再如坚持"因族举措"原则。为哈尼族培养其民族特色的艺术人才，而不是一味地为之培养汉化式艺术类人才。

（三）广筹人才资源开发资金，加大职业技术教育投入

在现代社会，人力资本的形成和积累是需要大量资金投入的。对于现代人才资源开发也是如此。在哈尼族地区，由于自身积累和自我发展等方面的能力都十分有限。因此，需要国家和政府加强宏观调控，坚持国家和政府投入为主，千方百计地为民族地区人才资源开发筹集社会和民间资金。如：可以发行贫困民族地区专用教育债券，鼓励社会特别是商界有识之士到民族地区资助教育事业发展。

笔者在金平调研过程中了解到，现在一些民族地区的青年大学毕业后就业困难，甚至有的仍然回家种田种地。这一部分人的亲身经历和感受一反馈到民族村寨，"读书无用论"思想及辍学现象便泛滥成灾。这严重地影响了少数民族同胞求学和支持教育发展的积极性。这也反映出我国高等教育，特别是民族地区的高等教育在新形势下需要调整办学思路和专业设置，应开设民族地区经济和社会发展所需要的课程和专业。问卷调查统计结果表明哈尼族地区最需要的是农村实用技术人才，而实用技术人才的培养就目前条件来看主要还是依赖于职业技术学校。因此，我们有必要加大职业技术教育投入，根据哈尼族地区市场经济和社会发展需要开设相关实用技术类专业，传授相关农村实用技术和技能。

（四）以建设社会主义新农村为重任，切实抓好脱贫致富

经济基础决定上层建筑，决定人才资源开发的广度和深度，或者说数量规模和质量高低。况且现代经济从某种意义上说就是人才经济。然而，像金平哈尼田村按国务院规定的相关标准，还处于贫困状态，人才又稀缺，正因如此，我们民族地区，特别是还处于贫困的民族地区要高度重视经济建设。建设社会主义新农村对民族地区可谓大好时机，也可谓严峻挑战。从金平哈尼田村来看，建设新农村存在诸如农民增收困难，基础设施建设严重缺乏资金，农村实用技术人才极其缺乏等方面的主要困境。所以，民族地区还是要以经济建设为中心。

实施人力资源优先发展战略。目前，关于民族地区优先发展问题，不论经济发展先导说，还是政治发展先导说；不论是社会发展先导说，还是教育文化发展先导说，归根到底都要依靠人的素质和能力，都是为了人的全面发展。故笔者认为还是实施人力资源优先发展战略较好。人力资源开发是民族地区发展生产力和经济的关键因素和重要推动器，有助于民族地区扩大就业，有利于提高民族地区的竞争力和实现民族地区全面建设小康社会的各项目标，有助于民族地区旅游档次的提升，有利于民族地区特色经济和特色行业的发展，有助于民族地区自然资源开发效益等的提高，从而提升民族地区的经济和文化等方面的竞争力。

转变观念，完善扶贫方式。金平哈尼田村委会李青春主任多次强调和要求笔者在论文中呼吁上级不要搞突击扶贫，应更新扶贫思路，改变扶贫方式。他认为上级及社会各界给哈尼田村困难户送温暖——送衣服、送粮食、送日常用品以及盖房子——只能解决困难户眼前或几年的困难问题，不能从根本上解决脱贫问题。他说经过这几年的扶贫实践来看，还是要从人们的思想观念和文化素质这个角度入手较好。这其实就是要求改变过去送物给钱的扶贫方式，需要实施智力扶贫和项目资金扶贫。如送困难户的孩子上学接受教育，以防止贫困“可持续发展”和增加困难户的自我发展能力。总之，我们最好以建设社会主义新农村为重任，切实抓好脱贫致富。

第七章 少数民族人才资源因族开发战略结语

理论建构谈何容易?! 实证分析亦谈何容易?! 笔者只是想为完善我国少数民族人才资源开发思路与模式作尝试性探讨，只是想就少数民族与民族地区贯彻落实人才强国战略而在各位专家、学者当中抛砖引玉。在全书中，笔者力求形散而神不散，尽力围绕因族开发这一主题或主线对少数民族人才资源开发的相关问题进行阐述。

第一节 因族开发是一个概念

因族开发是一个概念，是一个有关少数民族人才资源开发的概念。

所谓“因族开发”就是指在少数民族人才资源开发过程中，根据少数民族自身的发展历史、文化传统、风俗习惯、地理环境、经济现状、教育水平等方面的特殊性来选择适合少数民族自身人才资源开发的思路和对策。简单地说，就是根据各少数民族的“族情”来进行人才资源开发。

第二节　因族开发是一个思路

因族开发是一个思路，是一个有关少数民族人才资源开发的思路。

对整个少数民族而言就是要根据少数民族自身的经济和社会实际情况来因地制宜、“因族举措”、分类指导地开发其人才资源。对于同一个少数民族而言就是要坚持传统开发与现代开发相结合；坚持自我开发与组织开发相结合；坚持梯次开发与跨越开发相结合；坚持系统整体开发与要素局部开发相结合；坚持培养盘活开发为主与引进使用开发为辅相结合；坚持市场竞争开发为主与计划保护开发为辅相结合。

第三节　因族开发是一个模式

因族开发是一个模式，一个有关少数民族人才资源开发的模式。

新中国成立几十年，我国对各民族人才资源开发主要是实行“大一统”汉化开发模式，时至今日，这一模式的不足之处已经开始日益凸现出来，于是，笔者认为需要因族开发模式来弥补其不足之处。

第四节 因族开发是一个战略

因族开发是一个战略，一个有关少数民族人才资源开发的战略。

为了在少数民族与民族地区贯彻落实我国人才强国战略，笔者认为需要因族开发战略。在这一子战略中，笔者初步阐述了相关的战略愿景、战略目标、战略思路以及战略对策。

总而言之，经过大量的文献资料研究，多处实地观察访谈考察和数百份问卷调查统计分析之后，笔者认为因族开发对少数民族人才资源开发而言，不仅可以是一个概念，而且可以是一种思路；不仅可以是一种模式，而且可以是一个战略。

附 录:

一、红河州哈尼族人才资源开发情况调查问卷

[注:在您想选的答案数字标号上打“√”]

一、您的性别:

1. 男　2. 女

二、您受教育程度:

1. 小学　2. 初中

3. 普通高中或职业高中　4. 中专

5. 大学专科或本科　6. 硕士或博士研究生

三、您的工作种类或部门:

1. 农业部门(如:种地)　2. 工业部门(如:采矿)

3. 商业部门(如:经商)　4. 党政机关

5. 事业单位(如:学校)　6. 其他

四、您认为“人人都能成才”吗?

1. 能　2. 不知道或说不清　3. 不能

五、您认为红河地区学校能否培养哈尼族地区自身经济、社会发展需要的人才?

1. 能　2. 不知道或说不清　3. 不能

六、您认为送女孩子上学,培养她成为大学生“划得来”吗?

1. 划不来　2. 不知道或说不清　3. 划得来

七、您认为有没有必要培养和教育少数民族宗教领袖(如:哈尼族摩匹)?

1. 有必要　2. 不知道或说不清　3. 没有必要

八、您对目前选拔和任用少数民族（如：哈尼族）干部的方式是否满意?

1. 满意　　2. 说不清或不好说　　3. 不满意

九、您认为少数民族（如：哈尼族）干部应当怎样产生较好?

1. 由党和政府培养再任命　　2. 不知道或说不清

3. 由少数民族自己选出，再经党和政府培养与任命

十、为了培养更多的少数民族（如：哈尼族）人才，您认为民族地区（如：哈尼族地区）应优先重点发展：

1. 民族经济　　2. 民族教育

3. 民族文化　　4. 其他（请说明）

十一、您认为少数民族地区（如：哈尼山乡）最缺乏哪儿种人?（敬请只任选两种）

1. 经商者　　2. 教师　　3. 科技、实用技术人员

4. 宗教领袖（如摩匹）　　5. 艺术表演者

6. 其他（请说明）

十二、您认为“昂玛突”、“苦扎扎”等民族节日中的庆典活动是培养哈尼族人才（如：主持人、歌手、跳舞的、做生意的等）的好时机吗?

1. 是　2. 不知道或说不清　　3. 不是

十三、您认为哈尼族人才依靠谁来培养较好?

1. 哈尼族　2. 不知道或说不清　　3. 国家或其他民族

十四、您认为哈尼族人才按什么样的标准培养较好?

1. 大部分按哈尼族，少部分按其他发达民族或国家地区的人才标准较好

2. 不知道或说不清

3. 大部分按其他发达民族或国家地区，少部分按哈尼族的

人才标准较好

十五、您认为红河哈尼族地区的学校所培养的人才是培养了哈尼族本民族的人才，还是培养了大量接受了汉族文化的人才(或者说被汉族化了的人才)?

1. 哈尼族本族人才　　2. 不知道或说不清

3. 大量接受了汉族文化的人才

十六、您认为红河地区学校能培养哈尼族地区经济和社会发展所需要的人才吗?

1. 能　　2. 不知道或说不清　　3. 不能

十七、您不选择到其他地方（如：北京、广东、上海）工作的最主要原因是：

1. 家乡观念　　2. 民族和地区文化差异太大

3. 自然环境、气候等原因　　4. 国家分配造成

5. 其他原因(乐意说明者敬请说明)

十八、您认为您所学专业与眼前工作对口吗?

1. 用非所学　　2. 说不清　　3. 专业对口

十九、您认为我国大学培养的少数民族（如：哈尼族）学生是培养少数民族本民族人才，还是培养了被汉族化了的人才?

1. 少数民族人才　　2. 不知道或说不清

3. 被汉族化了的人才

二十、您认为哈尼族人成才的困难有哪些（或者说培养哈尼族人才有哪些方面的困难)?(你认为有几个答案就选几个)

1. 经济条件方面　　2. 学校教育方面

3. 语言和文字方面　　4. 政府政策方面

5. 地理环境方面　　6. 其他方面（请说明）

二十一、您认为哈尼族应该如何培养本族人才?（乐意回答者敬请回答)

二、我的哈尼学导师王清华

我的哈尼学导师是云南省社会科学研究院民族研究所王清华老师，他是河北景县汉族人，1955 年 1 月出生，1979 年考入云南大学历史系，1983 年毕业进入云南省社会科学院民族学研究所开始从事民族学研究工作，现任云南省社会科学院民族学研究所所长、研究员。

王清华老师为人善良朴实，博学多才，治学严谨，崇尚原创。王清华老师的主要研究领域和方向在民族学及影视人类学方面。其中，在哈尼族文化研究中有较高造诣。

王清华老师自 1983 年以来一直从事田野工作，足迹遍及云南的山山水水，主要研究基地在云南红河南岸的哀牢山区，对哈尼族的历史发展与社会现状进行了长期深入的调查研究，曾出版过《南方陆上丝绸路》、《西南丝绸之路考察记》、《哀牢山中》、《云海中的奇婚女性》、《梯田文化论——哈尼族的生态农业》（云南大学出版社 1999 年版，2003 年再版）、《浪漫的云霞——云南民族舞蹈》（云南教育出版社 2000 年 8 月版，2000 年 12 月再版）、《被雕塑的群山——走入哈尼族的云山梯田》（台湾大地出版社 2002 年版）、《畅游民族走廊》（云南民族出版社 2004 年版）、《凝视山神的脸谱——红河哈尼族梯田文化》（民族出版社 2006 年版）等学术专著；主编过《三江腹地的傈僳族文化王国——维西》（云南人民出版社 2005 年版）、《峨山民族志》（1999 年）；出版过多种画册；发表学术论文 70 余篇，其中在中国台湾发表 5 篇，泰国发表 4 篇，均有较好的学术影响。其专著《梯田文化论——哈尼族的生态农业》一书，在学术界引起普遍关注，对云南红河哈尼族彝族自治州申请“红河梯田世界文化遗产”起到了较为重要的作用并提供了理论基础，是中国第一本关于梯田的系统研究专著，曾荣获2002年云南省人民政府颁发的省社会科学研究一等奖；《被雕塑的群山——走入哈尼族的云山梯田》一书在台湾出版后有较好的反响，当地部分学者撰文评论，给予较高评价。

1995年，云南省社会科学院成立“影视人类学研究摄制中心”，王清华老师任中心主任，开始进行影视人类学新学科建设，并且硕果累累。在理论研究方面，他发表了《影视人类学的历史、现状及理论框架》、《影视人类学在我国的发展》等论文；完成了国家社会科学基金项目《影视人类学在我国的发展对策研究》，参与组建中国影视人类学学会，任副秘书长。在人类学、社会学与民族学影片拍摄方面，他先后参与拍摄了《澜沧江》、《来自湄公河的考察报告》、《珠江》（6集）、《红土高原的期盼》、《红土高原的穆斯林》（8集）、《为了这片红土地》、《承诺与见证》（中英艾滋病防治合作项目电视报告片，2006年）等影视片20余部（集），这些影视片在学术界和社会上都产生了较好影响，多部作品获得奖励。

在20多年的学术研究中，我的哈尼学导师王清华老师学术研究成果得到了广泛的认同，先后有10多项研究成果获得国家、云南省和社会科学院的奖励，多次评为优秀科研工作者，2000年获得“云南省有突出贡献的专业技术人才”称号，作为其得意门生之一，我为老师的原创学术成就感到无比的骄傲和自豪。

自1990年以来，我的哈尼学导师王清华老师在云南大学、云南民族大学等院校开设“民族田野工作”、“云南民族史”、“哈尼族文化”、“梯田农业生态”、“云南民族文化产业”等课程教学和讲座，并担任云南大学马列部马克思民族理论与政策专业硕士研究生导师。

王清华老师十分平易近人，对学生生活和学业相当关心，深受学生欢迎和爱戴。作为其开门弟子，从生活到学习，从理论研究到田野工作等，王清华老师都是无微不至，倾注了大量心血，我感到十分荣幸，也十分感激：是他引导我走进民族学、社会学与人类学的知识海洋，是他让我有条件游学云南众多民族地区，是他让我有许多机会感受哈尼族地区的壮观梯田与博大精深的少数民族文化，是他教给我许多为人处世的道理，是他原创、朴实、通俗的风格让我受益匪浅……

难忘恩师，恩师难忘。

主要参考文献

[1] 吴松、陈国新：论全面建设小康社会，人民出版社2002年版。

[2] 深入学习“三个代表”，全面落实“三个代表”，学习出版社2000年版。

[3] 风笑天：社会科学研究方法，中国人民出版社，2001年版。

[4] 艾尔·巴比著，邱泽奇译：社会科学研究方法基础（第八版），华夏出版社2002年版。

[5]《辞海》，上海辞书出版社2002年版。

[6]《辞源》（修订本）（1~4合订本），商务印书馆1988年版。

[7] 王通讯著：《人才学通论》，天津人民出版社1985年版。

[8] 叶忠海主编：《人才学概论》，湖南人民出版社1983年版。

[9] 胡义牧编著：《人才大视野》，中信出版社2001年版。

[10] 钟祖荣著：《现代人才学》，浙江教育出版社1988年版。

[11] 陈登才、梁春鸿著：《人才战略——强国富民兴党的重要战略》，江苏人民出版社2004年版。

[12] 陈国新等编著：《邓小平社会主义民族政策的理论与

实践》，云南大学出版社 2004 年版。

［13］《人才强国战略干部读本》，中共中央党校出版社 2004 年版。

［14］姚裕群主编：《人力资源开发与管理概论》，高等教育出版社 2003 年版。

［15］《斯大林选集》（上卷），人民出版社 1979 年版。

［16］云南人才战略研究课题组著：《云南人才战略研究》，科学出版社 2003 年版。

［17］张海翔著：《新型工业化道路：生态、民族与人文视点》，人民出版社 2005 年版。

［18］中共中央文献研究室编：《江泽民论有中国特色社会主义》（专题选编），中央文献出版社 2002 年版。

［19］《毛泽东选集》（第一至四卷），人民出版社 1991 年版。

［20］《中共中央关于加强党的执政能力建设的决定》，人民出版社 2004 年版。

［21］《中国共产党第三代领导集体民族理论学习纲要》，民族出版社 2002 年版。

［22］中共中央文献研究室编：《邓小平思想年谱（一九七五——一九九七）》，中央文献出版社 1998 年版。

［23］史军超主编：《云南民族文化大观丛书》，云南民族出版社 1999 年版。

［24］《邓小平文选》（第三卷），人民出版社 1993 年版。

［25］《邓小平文选》（第一卷），人民出版社 1994 年版。

［26］赫铁川著：《人才论》，上海科技文献出版社 2004 年版。

［27］叶忠海著：《女性人才学概论》，北方妇女儿童出版社

1987 年版。

[28] 江泽民:《全面建设小康社会，开创中国特色社会主义事业新局面》，人民出版社 2002 年版。

[29] 熊胜祥、杨学政主编:《云南宗教情势报告》，云南大学出版社 2004 年版。

[30] 格桑顿珠、纳麒主编:《云南民族地区发展报告 2003 ~2004》，云南大学出版社 2004 年版。

[31] 彭剑锋主编:《人力资源管理概论》，复旦大学出版社 2003 年版。

[32] 任新民著:《云南少数民族地区梯度结构与人力资源梯次开发》，云南大学出版社 2001 年版。

[33] 陈琳主编:《贫困地区人力资源开发》，云南大学出版社 2001 年版。

[34] 陈国新、杜玉银主编:《马克思主义民族理论发展史》，云南大学出版社 2001 年版.

[35] 苏延林、王通讯主编:《人才资源学导论》，中国人事出版社 1994 年版。

[36] 国家民族事务委员会经济发展司、国家统计局国民经济综合统计司编:《中国民族统计年鉴 2004》，民族出版社 2004 年版。

[37] 国家统计局人口和社会科技统计司、国家民族事务委员会经济发展司编:《2000 年人口普查中国民族人口资料（上册)》，民族出版社 2003 年版。

[38] 云南省人民政府办公厅、云南省统计局编:《改革开放二十年的云南民族经济》，云南科技出版社 1998 年版。

[39] 云南省人口普查办公室、云南省民族事务委员会编:《云南省 2000 年人口普查资料·民族人口分册（上)》，云南民

族出版社，2003 年版。

［40］云南省人口普查办公室、云南省统计局人口处、云南省公安厅三处编：《云南省人口统计资料汇编 1949~1988》，云南人民出版社 1990 年版。

［41］国家统计局人口统计司、国家民族事务委员会经济司编：《中国民族人口资料（1990 年人口普查数据）》，中国统计出版社 1994 年版。

［42］云南省人民政府研究室、云南经济年鉴编辑部编：《云南经济年鉴 2004》，云南民族出版社 2004 年版。

［43］红河州人民政府主编：《红河州年鉴 2004》，德宏民族出版社 2004 年版。

［44］王清华著：《梯田文化论》，云南大学出版社 1999 年版。

［45］王清华著/摄影：《凝视山神的脸谱——神奇的红河哈尼族梯田文化》，民族出版社 2006 年版。

［46］王文光编著：《云南民族的由来与发展》，德宏民族出版社 1994 年版。

［47］王文光著：《中国古代的民族识别》，云南大学出版社 1997 年版。

［48］毛佑全：《哈尼族文化初探》，云南民族出版社 1991 年版。

［49］中国科学院民族研究所 云南少数民族社会历史调查组编：《哈尼族简史简志合编》，1964 年版。

［50］尤中著：《西南民族史》，云南大学出版社 1992 年版。

［51］肖鸣政著：《人力资源开发学——开发组织内人力资源的理论与方法》，高等教育出版社 2002 年版。

［52］肖鸣政主编：《中国政府人力资源开发概论》，北京大

学出版社 2004 年版。

[53] 胡锦涛：《坚持走中国特色自主创新道路为建设创新型国家而努力奋斗——在全国科学技术大会上的讲话》，人民出版社 2006 年版。

[54]《江泽民文选》（第一至三卷），人民出版社 2006 年版。

[55] 黄巧碧：《红河州哈尼族的族源与迁徙》，载《云南档案》2005 年第 2 期。

[56] 苏艳文：《盘活"草根人才"：经济欠发达地区人才资源开发的基点》，载《中国人才》2005 年 2 月上半月刊。

[57]《全球化：宗教怎么办?》，载《世界宗教文化》，2005 年第 1 期。

[58] 彭劲松：《经济欠发达地区实施人才战略应避免的几个误区》，载《中国人才》2005 年 4 月上半月刊。

[59]《科学制定人才战略与规划——北京大学政府管理学院人才与人力资源研究所所长肖鸣政教授访谈录》，载《中国人才》2005 年 4 月上半月刊。

[60] 胡锦涛：《在中央民族工作会议暨国务院第四次全国民族团结进步表彰大会上的讲话》，载《人民日报》2005 年 5 月 28 日第 1 版。

[61] 胡锦涛：《世界睦邻友好，共同发展繁荣——在莫斯科国际关系学院的演讲》，载《人民日报》2003 年 5 月 29 日第 1 版。

[62]《中共中央关于制定国民经济和社会发展第十一个五年规划的建议》，载《人民日报》2005 年 10 月 18 日第 1 版。

[63] 赵丽珍著：《少数民族女性人才资源开发策略思考》，载《云南民族大学学报（哲学社会科学版）》2004 年第 6 期。

［64］刘先照著：《关于民族的儿个基本理论问题》，载《民族研究》，1999 年第 2 期。

［65］《云南省社科院院长纳麒在中国民族发展·红河论坛上的讲话》，载《红河日报》2005 年 12 月 5 日第 1 版。

后 记

当书稿终于可以印刷之际，我内心有如释重负之感，总算了却了我读硕士研究生就写专著、出专著的心愿，出版平生学术处女之作。这本书可以说已经折磨了我六年之久。早在2005年，我有感于我国少数民族人才资源开发的现状，拟构思一部既能直面少数民族人才资源开发的现实，又有一定理论创新和深度的著作，并就此形成了一个初步的梗概和纲目。原以为按这一既定的思路和书目写下去，就可以一气呵成。哪知，越写却越没信心，有时总觉得笔下流淌的东西仍然没有跳出别人研究少数民族人才资源开发的老套和老路，仍是站在汉文化的视角去审视少数民族人才资源开发；有时觉得理论与实践相脱节，缺乏强有力的实证支撑；有时觉得关键性资料获取凭我一介学子很难很难；有时觉得调查研究也异常艰辛；有时觉得选题没有多少意义；等等。于是，曾多少次欲中途辍笔，甚至想放弃这一研究，但迫于必需要完成与民族相关的学位论文，以及好在云南省社会科学院民族研究所所长、著名哈尼学研究专家王清华老师的多次鼓励与大力支持，也好在还有一点点阿Q式自我安慰和自信，这样硬是逼着自己对研究对象朝深处和新处开掘，使自己有了一些积累，产生了一些“灵感”和“顿悟”。同时，在完成陈国新教授《中共三代领导集体民族理论与政策概论》、王文光教授《我国少数民族概论》、任新民教授《西部大开发与人力资源开发》、杨仕教授《邓小平民族理论与政策实践》等课程作业后，进一步增强了我的研究与写作能力，也开拓了我的研究视野。更让我获得研究和写作下去的勇气和信心是杂志期刊的编辑们给了我信心，万万没想到这些课程作业及研究阶段性成果居然相继在《西南民族大学学报》、《中南民族大学学报》、《红河学院学报》等国家正式刊物正刊上发表，甚至有的被索引或多次转载。如果说这部书稿是“压迫”出来的，我觉得一点也不假。

当然，研究与写作总是一件遗憾的事。这一方面来自于最后的“成品”离开笔之初的预想甚远，有的原章节目录被迫删去，有的地方仍然词不达意，给人以粗糙之感；另一方面因研究条件所限，有些值得研究的问题无法研究下去，给人以意犹未尽之感。同时，疏漏之处也在所难免。这都只有待以后有机会弥补了。

原来以为此专著凭我一介普通大学教师根本无条件和机会出版，只能作自我欣赏和自我安慰之作，但万万没想到申报教育部人文社会科学课题成功，得到资助让平生学术处女之著作得以出版。在此，我特别地感谢云南大学马列部博士、博士生导师陈国新教授对我生活学习、为人处世、科学研究等各方面的无微不至的关爱。“人力资源”研究方向的选定，“少数民族与民族地区人才资源开发战略研究”选题的确定，硕士研究生学位论文《少数民族人才资源因族开发战略研究——理论建构及对云南红河哈尼族人才资源开发的实证分析》课题的敲定，等等，无不有陈老师的迷津指点。滴水之恩，当涌泉相报。

在此，我衷心地感谢云南省社会科学院民族学研究所所长、研究员王清华老师和云南大学马列部副教授杨仕老师。他们对我，可谓呕心沥血地言传身教、悉心栽培。研究方法的教导，田野工作的关怀，书籍的赠送，资料的查找，论文的修改，课题研究的指导，等等，不一而足。一日为师，终生为父。

在此，我十分感谢哈尼田村李嘎则龙头夫妇、原金平县民政局李保生局长、哈尼田村委会李青春主任、哈尼田村支部杨忠志书记、金平县旅游局李玉辉局长、金平二中李晓春同学、哈尼田村李嘎奔女士、李晓玲姑娘等以及其他为我问卷调研和实地考察提供种种便利的哈尼族同胞们。

在此，我还得感谢陈光俊老师、董清元大哥、胡金兰大姐、瞿健文老师、张彩庆老师、潘盛之博士、梁宏志博士、阮东彪博士、唐锦宗博士、郭燕来师兄等。感谢对我生活、学习、科研、社会调查等方面有指导或帮助的其他老师，如：博士生导师任新民教授、马列部办公室主任杨慕琪老师、马列部办公室杨容老师、马列部研究生教学秘书黄艳老师等，以及同班同学张德选、李子光、彭晓朋、罗筠、邢传兵、刘红光、王云强、甘金义、何博、华嘉、陆永菲、黄梅、韦兴台、谢勇勤、和媛燕、杨静、李瑛、方慧平、党瑛瑛、高萍美等。

“自古多情伤离别”。伤离别？伤离别！此时此刻，千言万语，汇成一句：“好人一生平安”。

最后，献上本人拙诗《山高路远》，与诸位共勉。

山，
再高再高，
但永远比征服它的侏儒还矮；

路，
再长再长，
却总是比踏过它的寸足要短。

山高路远，